四個一樣

朝克　娜佳 ■ 著

杜拉尔鄂温克语会话

Conversation in Dular
Ewenki

中国社会科学出版社

图书在版编目（CIP）数据

杜拉尔鄂温克语会话 / 朝克，娜佳著 . —北京：中国社会科学出版社，2020.12

ISBN 978-7-5203-7662-4

Ⅰ.①杜…　Ⅱ.①朝…②娜…　Ⅲ.①鄂温克语（中国少数民族语）—口语—研究　Ⅳ.①H223.94

中国版本图书馆 CIP 数据核字（2020）第 260337 号

出 版 人	赵剑英
责任编辑	马　明
责任校对	许　惠
责任印制	王　超

出　　版	中国社会科学出版社
社　　址	北京鼓楼西大街甲 158 号
邮　　编	100720
网　　址	http://www.csspw.cn
发 行 部	010-84083685
门 市 部	010-84029450
经　　销	新华书店及其他书店
印　　刷	北京明恒达印务有限公司
装　　订	廊坊市广阳区广增装订厂
版　　次	2020 年 12 月第 1 版
印　　次	2020 年 12 月第 1 次印刷

开　　本	710×1000　1/16
印　　张	11.5
字　　数	178 千字
定　　价	69.00 元

凡购买中国社会科学出版社图书，如有质量问题请与本社营销中心联系调换
电话：010-84083683
版权所有　侵权必究

目　录

一　杜拉尔鄂温克语语音系统 ……………………………（1）

　（一）元音系统分析 …………………………………………（1）

　（二）辅音系统分析 …………………………………………（6）

　（三）音节 ……………………………………………………（12）

　（四）元音和谐规律 …………………………………………（14）

二　杜拉尔鄂温克语会话句 ………………………………（17）

　（一）问候 ……………………………………………………（17）

　（二）婚姻家庭 ………………………………………………（27）

　（三）餐饮 ……………………………………………………（48）

　（四）学校 ……………………………………………………（59）

　（五）工作 ……………………………………………………（70）

　（六）时间与交通 ……………………………………………（79）

　（七）天气 ……………………………………………………（90）

　（八）打电话 …………………………………………………（100）

　（九）兴趣和爱好 ……………………………………………（107）

（十）医院 …………………………………………（115）

（十一）购物 ………………………………………（123）

（十二）机场 ………………………………………（132）

（十三）宾馆 ………………………………………（140）

（十四）旅游 ………………………………………（148）

附录1 杜拉尔词汇及其特征 ……………………………（160）

附录2 语法形态变化及其结构体系 ……………………（174）

参考文献 …………………………………………………（179）

后 记 ……………………………………………………（181）

一　杜拉尔鄂温克语语音系统

杜拉尔鄂温克语的语音系统是一个比较复杂又有独特使用规律的结构体系。其复杂性在于，从语音结构的构成形式来看，元音系统分为短元音、长元音和复元音三种。辅音系统分送气和不送气、清音和浊音、单音及复合音等区别性特征。更为复杂的是，由于杜拉尔地区的鄂温克语已进入严重濒危状态，所以辅音间的这些鲜明的区别特征，在某些词里表现得十分模糊。特别是辅音出现连续性使用情况时，使人难以准确把握送气和不送气、清音和浊音等区别性结构关系。另外，杜拉尔鄂温克语的元音和谐规律也变得不是十分严谨，有的语音结构较为复杂的词语，尤其是在借词里可以出现阳性元音和阴性元音共同使用的现象等。

杜拉尔鄂温克语的语音结构系统包括：

a、ə、i、e、o、u 6个短元音。

aa、əə、ii、ee、oo、uu 6个长元音。

b、p、m、w、d、t、n、l、r、s、ʤ、tʃ、ʃ、j、g、k、ŋ、h 18个辅音。

除此之外，还有一系列的复元音和复辅音。

（一）元音系统分析

根据田野调查中搜集到的第一手资料，杜拉尔鄂温克语的元音系统，就像上面所说的一样，除复元音之外，主要分短元音和长元音两种类型。而且，短元音和长元音各自都有6个。

1. 短元音系统

杜拉尔鄂温克语的 6 个短元音使用范围较广，使用频率也相当高。既可以在词首使用，也可以在词中或词尾使用。根据发音方式和发音部位的不同，将 6 个短元音分为以下几种分类：

a → 舌面后展唇低元音
ə → 舌面中展唇央元音
i → 舌面前展唇高元音
e → 舌面前展唇次高元音
o → 舌面后圆唇次高元音
u → 舌面后圆唇高元音

（1）舌面后展唇低元音 a 的使用情况

舌面后展唇低元音 a 的使用范围很广，在词首、词中及词尾都可以出现。例如：

amin 父亲　　narga 红松　　utatʃi 祖先　　ilga 花
anakta 楠木　　walirin 红的　　tatigan 教育　　ʥigagta 山藤

比较而言，在词首和词中有很高的出现率，在词尾使用的没有词首和词中的多。

（2）舌面中展唇央元音 ə 的使用情况

杜拉尔鄂温克语中，舌面中展唇央元音 ə 也有很高的使用率，可以用于词首、词中及词尾等任意位置。例如：

əru 坏　　pəntu 鹿茸　　urdəhu 皮毛　　niintə 树根
əkin 姐姐　　təməni 蜻蜓　　iggilən 蝌蚪　　iigə 角

根据调查资料，ə 在词的各个部位都有一定的出现率。相对而言，在词中出现的频率要高一些，其次是属于词尾的出现率，词首出现得要比词中或词尾出现得少一些。

（3）舌面前展唇高元音 i 的使用情况

在杜拉尔鄂温克语的基本词汇或会话资料里，舌面前展唇高元音 i 同样有十分高的使用率。同时，也使用于词首、词中及词尾。例如：

isəl 蝎子　　　ʃirus 露水　　əd̪in 风　　　tari 那个
ilaan 光　　　　irgi 尾巴　　　ʃaɲirin 黄的　gurəldʑi 蛐蛐

（4）舌面前展唇次高元音 e 的使用情况

杜拉尔鄂温克语中，舌面前展唇次高元音 e 通常出现在词中或词尾，几乎不出现于词首。再说，就是在词中或词尾的出现率不是很高。例如：

deldə 迟　　　　ʃewar 泥　　　kerə 陡壁　　　kaʃenku 锅刷
tulge 腰带　　　suuge 皮裤套　dəkələ 坎肩　　dale 海

与前几个短元音相比，短元音 e 的使用率很低。而且，在汉语借词中有一定使用率。例如，dʑoopel "相片"、denbo "电报"、denno "电脑" 等。随着杜拉尔鄂温克语词汇中，汉语借词使用得越来越多，短元音 e 的使用率也许会逐渐提高。

（5）舌面后圆唇次高元音 o 的使用情况

短元音 o 可以出现于词的任何位置，一般出现在词中的情况要多于词首或词尾。在杜拉尔鄂温克语中，短元音 o 也有较高的使用率。例如：

oʃikto 星星　　bog 地　　　　tontoke 啄木鸟　gordo 戈壁
obtug 空的　　tog 火　　　　toron 五　　　　dʑolo 石头

（6）舌面后圆唇次高元音 u 的使用情况

舌面后圆唇高元音 u 可以出现于词的任何位置。比较而言，出现在词中的频率最高，其次是出现于词首的实例，词尾出现得较少。例如：

uktʃən 母狗　　ukur 牛　　　dabkun 近的　　bu 我们
ulur 人们　　　awur 空气　　əmun 一　　　　idu 哪儿

总而言之，杜拉尔鄂温克语短元音 a、ə、i、e、o、u 在使用上有严格意义上的区分。如果使用上出现混淆，就会造成词义方面的混乱，给予语言交流带来一定麻烦或障碍。以下是容易混淆的一些短元音词例：

ir 地洞	or 行李	ər 底儿
əri 这	əre 啊哟	əru 坏
orin 二十	ərin 时间	urin 山区
adi 几个	ədi 丈夫	odi 禁界
əl 葱	il 更加	al 胯裆
ani 相当	ane 年	ana 情面
tuurə- 读	tuuru- 迷路	
taa- 捡	tii- 放走	təə- 坐
iri 哪个	əri 这	uri 种子

从上述例词中不难发现，这几组易混淆的例词在发音上极其相似，但一旦将短元音的发音方式混淆，词义也将发生变化。杜拉尔鄂温克语的短元音系统看似简单容易掌握，实际上该结构系统有其自身的严谨性和精确性，在实际应用中每个短元音都必须按照其发音方法合理并准确地区分使用。

2. 长元音系统

（1）长元音的结构特征

杜拉尔鄂温克语的长元音系统与短元音系统相对应，有 aa、əə、ii、ee、oo、uu 6 个长元音。长元音与短元音的发音部位和发音方法基本相同，不同之处就在于长元音发音时间约为短元音的二倍。根据发音方式和发音部位的不同，可以将 6 个长元音分为以下几种：

aa → 舌面后展唇低元音

əə → 舌面中展唇央元音

ii → 舌面前展唇高元音

ee → 舌面前展唇次高元音

oo → 舌面后圆唇次高元音

uu → 舌面后圆唇高元音

（2）长元音系统的使用情况

aa →	aabun 形象	ilaan 光	saawun 霜	taa- 拉
	aali 何时	daabtu 河口	jaaga 煤	adaar 房盖
əə →	əəpldʒi 蛾	dʒəəktə 粮食	səəgsə 血	əwəən 饼
	əədʒig 奶酪	nəəsən 汗	bəəle 手套	ələə 近（很近）
ii →	iida 为何	miitʃan 枪	miiŋ 最	ii- 进
	iiriktə 蚂蚁	giitʃen 狍子	iigə 角	tii- 抢
ee →	eeda 啊呀	ʃeerən 虹	kaleer 韭菜	horeel 头顶
	deedʒi 盘子	geeha 奇怪	beesa- 检查	meera- 羊叫
oo →	oone 胳肢窝	orookto 草	moolen 子弹	goo 水沟
	oo- 做	moo 树	oroon 顶	koodo 疯子
uu →	uugun 风筒	nuuktu 头发	dʒuu 家	guu 玻璃
	uural 树汁	muu 水	muulu 江	juu- 出

杜拉尔鄂温克语的长元音中，出现率最高的是 aa、əə、ii、oo 四个长元音，其次是 uu。相比之下。长元音 ee 的使用率比较低。从整个使用情况来看，长元音在词首音节或词中的使用率较高，其次是在词首出现的实例，但在词尾很少出现。另外，还有一个特点是，所有长元音在单音节词，以及一些借词里也保持有相当高的使用率。再说，随着杜拉尔鄂温克语中汉语借词的数量不断增多，长元音的使用率也逐渐在提高。例如，有 maade "麻袋"、həəs "盒子"、tʃiis "棋子"、ʃiis "柿子"、dees "碟子"、loobu "萝卜"、intoor "樱桃"、dʒuus "竹子"、puus "铺子" 等。

据田野调查资料，现代杜拉尔鄂温克语元音系统中，短元音的使用率明显高于长元音的使用率，早期杜拉尔鄂温克语词汇中使用的长元音，也逐渐被短元音替换取代的情况现象。这或许是同会讲衣扣流利母语的杜拉尔鄂温克老人越来越少，年轻人在讲母语时将长元音和短元音混淆或把长元音发音为短元音等现象有关。虽然长短元音的发音部位和发音方法基本相同，只是发音时的长短上有所差别，但如果将长元音和短元音混淆而不能正确发音的话，很容易造成词义方面的错误或交流上的一些困难。例如，把 waaran "杀" 和 waran "灵巧的"、əələrən"耍赖"与 ələrɛ"吃饱"、ooron"做"和 oroon"上面"及 oron"位置"等例词中的长元音和短元音混淆的话，就会造成词义表达方面的混乱或错误。由此可见，杜拉尔鄂温克语中，长元音和短元音是区分词义的重要手段，二者之间不能相互调换或混淆，二者都有其各自不可替代的重要功能和作用。但是，该地区的鄂温克语进入严重濒危以后，青年人的发音中就有了长元音和短元音混淆使用的现象。

（二）辅音系统分析

根据田野调查资料，杜拉尔鄂温克语的辅音系统中有 b、p、m、w、d、t、n、l、r、s、ʤ、tʃ、ʃ、j、g、k、ŋ、h 18个辅音。与杜拉尔鄂温克语的元音系统相比，辅音系统无论是从发音方法还是在发音部位上都显示出它们具有的多样性和复杂性。杜拉尔鄂温克语辅音使用范围很广，使用率也很高。根据发音方式和发音部位的不同，可以将 b、p、m、w、d、t、n、l、r、s、ʤ、tʃ、ʃ、j、g、k、ŋ、h 18个辅音做以下具体分析和说明。

1. 双唇不送气清塞音 b

辅音 b 可以出现于词首、词中及词尾。例如：

| biaga 月亮 | daabtu 河口 | ʤirib 闪烁 |
| burkul 罩子 | kabka 夹子 | gub 都 |

辅音 b 在杜拉尔鄂温克语里有着很高的使用率，但在词首出现的频率最高，其次词中使用的也较多，但在词尾很少出现，只在个别词尾使用。另外，辅音 b 出现在词中时，同其他辅音连接使用的情况有不少，尤其是同 t、tʃ 等辅音相结合使用的实例较多。例如，kabtasu"板子"、tʃabtʃuku"锄头"、irəbtə "旧的"、dabtʃi"窄的"等。

2. 双唇送气清塞音 p

辅音 p 通常出现在词首及词中位置，出现在词尾的情况很少见。例如：

| pəl 力气 | kompirtu 褶子 | apun 稠的 |
| paskun 乱的 | sarpa 筷子 | əpəpi 戴胜鸟 |

杜拉尔鄂温克语的辅音系统中，p 的使用率较低。相对而言，辅音 p 多数情况下出现在词首或词中位置。不过，在汉语借词里，使用的概率显得越来越多。例如，pəns "盆子"、pamen "发面"、pitʃuul "皮球"、ʥoopel "照片"、wəpən "窝棚"等。

3. 双唇浊鼻音 m
辅音 m 可以用于词的任意位置。例如：

muu 水　　　　sumsu 灵魂　　　əəm 药
mandi 厉害的　　temər 早晨　　　aaŋim 跟着

杜拉尔鄂温克语中辅音 m 有一定的使用率，从使用实际使用情况来看，辅音更多的时候出现于 m 词中或词首，但在词中出现高于词首，在词尾很少出现。

4. 双唇浊擦音 w
辅音 w 也可以用于词的词首、词中及词尾等词的各个位置。例如：

walirin 红　　　　dolinduwol 相互　　　əw 和谐
walabkun 湿　　　ʥəwləkən 和的　　　　ʥiw 锈

辅音 w 在杜拉尔鄂温克语中使用率较低，但在词首使用得较多，其次是词中的使用率，在词尾出现得很少。

5. 舌尖中不送气清塞音 d
辅音 d 在杜拉尔鄂温克语中有很高的使用率，可以出现在词的任何位置。例如：

dili 头　　　　　udal 蕨菜　　　　pad 彻底的
ʥagdə 樟子松　　nadan 七　　　　əgəd 不满的

不过，辅音 d 常用于词首和词中位置，几乎很少出现在词尾。而且，往往用于形容词或副词等的词尾。

6. 舌尖送气清塞音 t

辅音 t 同样可以用于词首、词中及词尾任何位置。例如：

tualla 尘土   tatiran 学习   sət 裂开
taa- 拉   utatʃi 祖先   kiurt 瞬间

辅音 t 也是杜拉尔鄂温克语辅音系统中使用率很高的辅音之一。常出现在词首和词中位置。相比较，出现在词尾的情况较为少见。

7. 舌尖中浊鼻音 n

辅音 n 是杜拉尔鄂温克语辅音系统中活力很强的辅音之一，可以用于词首、词中及词尾等词的任何位置。例如：

naala 手   ənin 母亲   akin 哥哥
nitʃukun 小的   iinig 舌头   ərin 时间

无论在词首或词中，还是在词尾，辅音 n 的使用率都十分高。可以说，该辅音是杜拉尔鄂温克语中使用率最高的辅音之一。

8. 舌尖中浊边音 l

辅音 l 也可以用于词首、词中和词尾等词的任何一个位置。例如：

laka 矮   almi 头皮   aŋgal 人口
libkir 盖子   ʤolo 石头   əl 葱

虽然，辅音 l 可以出现在词的不同位置，但从具体使用情况来看，在词中的使用率明显高于词首和词尾的使用率。再说，词首位置出现时，辅音 l 用于在汉语借词的实例也有不少。例如，lonto "笼头"、liis "栗子"、laaba "喇叭"、jali "鸭梨" 等。

9. 舌尖中浊颤音 r

辅音 r 绝大多数情况下使用于词中及词尾。例如：

dərəl 脸面   nérete 本事   awur 空气
əri 这   barangida 右侧   ʃewar 泥

辅音 r 也是杜拉尔鄂温克语中使用率较高的辅音之一。然而，绝大多数情况下出现于词中和词尾，除了个别借词之外，很少出现于词首。

10. 舌尖前清擦音 s

辅音 s 同样可以适用于词的各个位置。例如：

sabdara 雨点　　　　tʃaasun 纸　　　　ʥis 吕

su 你们　　　　　　iisən 胳膊　　　　anʥas 犁

辅音 s 在杜拉尔鄂温克语中，也有相当高的使用率。而且，主要出现在词首和词中，出现于词尾的情况较少。随着杜拉尔鄂温克语中汉语借词的不断增多，辅音 s 用于词尾的现象也有所增多。例如，niis "呢子"、tans "毯子"、waas "袜子"等。

11. 舌叶不送气清塞擦音 ʥ

辅音 ʥ 在词首、词中及词尾位置都可以使用。例如：

ʥolo 石头　　　　amaaʥi 百　　　　haʥ 峡口

ʥaan 十　　　　　ʃiʥigan 袍子　　　suʥ 疑忌

辅音 ʥ 在杜拉尔鄂温克语中出现在词首和词中的频率较高，只有个别词的词尾出现辅音 ʥ 的现象。

12. 舌叶不送气清塞擦音 tʃ

辅音 tʃ 可以用于词首、词中及词尾。例如：

tʃaalban 白桦树　　　aatʃin 没有　　　betʃ 碎碎地

tʃitʃiraran 拉肚子　　itʃirən 看　　　　səbutʃ 林中杂草

与其他辅音相比，辅音 tʃ 的使用率较低，使用面也不是很广。再说，出现于词首及词中的频率要高于词尾的出现率，在词尾很少出现。另外，在汉语借词里有一定使用率。例如，tʃenbi "铅笔"、tʃiitʃə "汽车"、lantʃuul "篮球"等。

13. 舌叶清擦音 ʃ

辅音 ʃ 通常出现在词首和词中位置，在词尾很少出现。再说，该辅音常出现于短元音 i 和 e 及长元音 ii 与 ee 前，其他原因前出现得不是很多。例如：

| ʃiibkan 鸟 | aʃe 妻子 | iʃ 呸 |
| ʃurkul 魔鬼 | niʃukun 小 | luʃ 无影无踪 |

同其他辅音相比，辅音 ʃ 在杜拉尔鄂温克语中的使用率较低。然而，在汉语借词里，却有一定使用率。例如，ʃii "戏"、ʃaa "纱"、ʃuʤi "书记"、denʃi "电视" 等。

14. 舌尖中送气清擦音 j

辅音 j 也可以使用于词首、词中及词尾。例如：

| jalan 三 | aji 好 | bəj 人 |
| jokon 什么人 | ojoŋgo 重要的 | huuj 嗜 |

我们的调研资料表明，辅音 j 的使用范围十分有限。相对而言，出现在词首和词中的频率明显高于词尾。再说，辅音 j 在汉语借词中的使用率较高。例如，jaŋʤi "样子"、jaago "牙膏"、duju "豆油" 等。

15. 舌面后不送气清塞音 g

辅音 g 可以出现在词的任何位置。例如：

| garga 耳环 | həigəsun 合页 | bitig 书 |
| gotin 三十 | bugan 模糊的 | alag 网 |

辅音 g 在杜拉尔鄂温克语中有十分高的使用率。而且无论是词首、词中还是词尾，都出现得不少。相比之下，在词首和词中的使用率高于词尾的使用率。

16. 舌面后送气清塞音 k

辅音 k 也同样可以用于词的不同位置。例如：

kəwər 野外　　　　　tataku 抽屉　　　　　　pik 满满地

kəldur 锹　　　　　　əkin 姐姐　　　　　　ʤak 东西、物品

辅音 k 在杜拉尔鄂温克语中有较高的使用率。而且，在词中的出现率明显高于在词首和词尾的出现率，但在词尾出现得比较少。另外，辅音 k 在短元音 i 之前有一定使用率。例如，dəki"四十"、jəəki"多少"、toobki"那么"、nəlki"春天"、ʤuuki"第二"等。

17. 舌面后浊鼻音 ŋ

辅音 ŋ 通常使用于词中及词尾。例如：

uŋal 树孔　　　　　　maŋkar 沙丘　　　　　　bogoŋ 渡口

ʃaŋirin 黄的　　　　　iiŋikin 生的　　　　　　gokoloŋ 铃钩

辅音 ŋ 在杜拉尔鄂温克语中使用率不算很高，基本上用于词中和词尾，在词首很少出现。另外，辅音 ŋ 在词中使用时，时常出现于辅音 k 和 g 之前。例如，maŋkar"沙丘"、iŋkin"狗"、iŋgakta"河滩"、muuluŋgə"水獭"、məəŋgə"老鹰"等。

18. 小舌清擦音 h

辅音 h 可以出现在词首、词中及词尾等词的不同位置。例如：

haskan 小狗　　　　　noohon 马驹　　　　　　soh 林中茅草

honin 羊　　　　　　kuhur 扁茶壶　　　　　　noloh 河流石上的黏物

辅音 h 在杜拉尔鄂温克语中也有一定使用率。不过，常使用于词首和词中位置，在词尾的出现率比较低。

综上所述，杜拉尔鄂温克语的 18 个辅音 b、p、m、w、d、t、n、l、r、s、ʤ、tʃ、ʃ、j、g、k、ŋ、h，使用率最高的是辅音 b、d、t、n、l、r、s、g、k，其次辅音 m、w、ʤ、tʃ、h 也有一定使用率，像辅音 p、ʃ、j、ŋ 在杜拉尔鄂温克语中的出现率相对较低。

（三）音节

杜拉尔鄂温克语词音节结构特征,可以分为单音节词和多音节词两种类型。单音节词是指由一个元音为主构成单一音节的词,多音节词是指由两个音节以上的音节构成的词。另外,该语言里区分单音节词和多音节词时,主要看词中有多少元音,有几个元音应该就有几个音节。那么,统计词中的元音时,像短元音、长元音、复元音都算作单一的元音单位。从我们掌握的田野调查搜集资料来看,杜拉尔鄂温克语的基本词汇里,多音节词占绝对多数,单音节词只占一小一部分。

1. 单音节词及其结构特征

杜拉尔鄂温克语中的单音节词,是指由一个元音因素为主构成单一音节的词。例如:

oo 是	uu 毛病	ee 嗨
əl 葱	ur 山	ir 地洞
moo 树	ʥuu 家	bi 我
bog 地	bəj 人	səl 铁
kiurd 瞬间	sərt 机灵	taŋ 一下子仰过去

杜拉尔鄂温克语的单音节词还可以根据构成原理,分为单一元音结构类型;单一元音和单一辅音结合的结构类型;单一元音和两个辅音结合的结构类型;单一元音和三个辅音结合的结构类型;等等。其中,由单一元音和单一辅音结合的音节结构类型,还要分元音在前、辅音在后的结构类型,以及辅音在前、元音在后的结构类型两种;由单一元音和两个辅音结合的音节结构类型,基本上指的是前后各有一个辅音,中间有一个元音的结构类型;单一元音和三个辅音结合的音节结构类型,一般指前面是一个辅音,中间是一个元音,后面是由两个辅音形成的复辅音的音节结构类型。

2. 多音节词及其结构类型

杜拉尔鄂温克语的基本词汇中，多音节词还可以根据词中的元音数量分成双音节词、三音节词、四音节词等。另外，还有四音节词以上的多音节词。一般来讲，四音节词以上的多音节词，多数是在词根或词干后接缀有各种形态变化语法词缀。

（1）双音节词

双音节词就是由两个音节组合而成的词。例如：

akin (a-kin) 哥哥　　goli(go-li) 面粉　　sorso (sor-so) 韭菜花

ədin (ə-din) 风　　dawa (da-wa) 山岗　　bargun (bar-gun) 粗的

（2）三音节词

三音节词是由三个音节组合而成的词。例如：

sabdara(sab-da-ra) 雨点　　səwərə(sə-wə-rə) 毛毛雨

əsuhun(ə-su-hun) 可恶的　　barutʃi(ba-ru-tʃi) 勺子

（3）四音节词

四音节词是由四个音节组合而成的词。例如：

timaniŋtʃi(ti-ma-niŋ-tʃi) 后天　　solokiktʃi(so-lo-kik-tʃi) 狐狸皮

tʃodononto(tʃo-do-non-to) 山道　　giliguktu(gi-li-guk-tu) 白带鱼

除了上述提到的双音节词、三音节词和四音节词以外，杜拉尔鄂温克语中也有相当数量的，在词根或词干后面接缀构词词缀或形态变化语法词缀而派生出来的五音节词、六音节词、七音节词，甚至是由更多音节构成的多音节词或长音节词。根据现已掌握的田野调查资料，杜拉尔鄂温克语基本词汇主要由双音节词和三音节词构成，其次也有一定数量的四音节词。那么，四音节词以上的多音节词中，也有一些极个别的没有接缀形态变化语法词缀的基本词，但绝大多数是属于接缀有形态变化语法词缀的多音节词。

（四）元音和谐规律

杜拉尔鄂温克语有元音和谐规律。按照其规律，可以分为阳性元音、阴性元音及中性元音三种元音和谐类型。

阳性元音包括：a、aa

阴性元音包括：ə、əə

中性元音包括：i、ii、o、oo、u、uu、e、ee

1. 阳性元音的元音和谐现象

阳性元音 a、aa 只能和阳性元音及中性元音 i、ii、o、oo、u、uu、e、ee 产生和谐现象，而不能跟阴性元音 ə、əə 发生和谐关系。例如：

awur 空气 biaga 月亮 garpa 流星
bira 河 walirin 红 tasag 虎

2. 阴性元音的元音和谐现象

阴性元音 ə、əə 只能和阴性元音及中性元音 i、ii、o、oo、u、uu、e、ee 产生元音和谐关系，不能跟阳性元音 a、aa 发生和谐关系。例如：

gurəs 野兽 merdə 豹 ətərkən 熊
gəkku 布谷鸟 mərmətə 猫头鹰 məərə 公狗

3. 中性元音的和谐现象

中性元音 i、ii、o、oo、u、uu、e、ee 可以在其内部产生和谐现象，也可以同阳性元音 a、aa 及阴性元音 ə、əə 发生和谐关系。例如：

niiki 鸭子 iŋkin 狗 iikə 锅
immə 针 miitʃan 枪 mina 马鞭子

4. 单一元音的和谐现象

杜拉尔鄂温克语的元音和谐现象中，除了阳性元音、阴性元音以及中性元音之间产生和谐现象之外，还有由单一元音构成的和谐现象。例如：

（1）短元音 a 和长元音 aa 的和谐现象

kaalaran 换　　taanakanan 使拉　　naala 手

（2）短元音 ə 和长元音 əə 的和谐现象

gələərən 找　　tʃəkəərrən 转　　səərlərən 忌讳

（3）短元音 i 和长元音 ii 的和谐现象

iinig 舌头　　niiki 鸭子　　iiŋiŋkir 鲜活的

（4）短元音 o 和长元音 oo 的和谐现象

sokormo 鼹鼠　　omokto 鸡蛋　　orookto 草

（5）短元音 u 和长元音 uu 的和谐现象

guurubu- 体谅　　ʃuruku 筛子　　uuŋku 毛巾

也就是说，杜拉尔鄂温克语的单一性质的元音和谐现象中，主要有短元音 a 和长元音 aa、短元音 ə 和长元音 əə、短元音 i 和长元音 ii、短元音 o 和长元音 oo、短元音 u 和长元音 uu 之间产生的和谐现象，而短元音 e 和长元音 ee 间的和谐实例没有出现。而且，在单一性质的元音和谐里，短元音 a 和长元音 aa、短元音 u 和长元音 uu、短元音 ə 和长元音 əə 的和谐现象出现率较高。其次，短元音 o 和长元音 oo 的和谐实例出现得也不少。相比之下，短元音 i 和长元音 ii 的和谐现象出现得不多。

综上所述，杜拉尔鄂温克语的基本词汇中，至今保存着一定程度的元音和谐现象，既有阳性元音 a、aa 与中性元音 i、ii、o、oo、u、uu、e、ee 间的元音和谐现象，也有阴性元音 ə、əə 与中性元音 i、ii、o、oo、u、uu、e、ee 间的元音和谐现象，还有中性元音 i、ii、o、oo、u、uu、e、ee 相互间的和谐现象，以及中性元音同阳性元音和阴性元音间的和谐现象。除此之外，还有属于同一个发音位置的长短两个元音，也就是单一元音音位的和谐现象等。从实际出现率来看，杜拉尔鄂温克语的基本词汇中，阳性元音 a、aa 与中性元音 i、ii、o、oo、u、uu、e、ee 间的元音和谐现象，以及阴性元音 ɔ、ɔɔ 与中性元音 i、ii、o、oo、u、uu、e、ee 间的元音和谐现象出现率最高。另外，我们在实地调研时，杜拉尔鄂温克族里 60 岁以上老人的发音中，能够较严格地遵照以上提到的元音和谐规律，但也有将阳性元音和阴性元音混同使用的现象。特别是，那些中青年人的发音中，将阳性元音与阴性元音混同使用的情况十分严重。总之，受其外来语言的影响，加上已进入严重濒危状态，杜拉尔鄂温克语中虽然一定程度地保存了原有的元音和谐规律，但还是变得不是那么严谨、严格和严肃，总是会出现阳性元音和阴性元音混同使用的现象。

二 杜拉尔鄂温克语会话句

（一）问候

1. ʃi aji biʃini jə?
   你好 在 吗
   你好吗？

2. bi aji!
   我 好
   我很好！

3. ʃiji bəjʃi aji jə?
   你的身体 好 吗
   你身体好吗？

4. ani aji.
   挺 好
   还可以！

5. miji bəj tanagan aji untu.
   我的身体 那样 好 不
   我身体不太好。

6. temər aji ʃi jə.
   早晨　好 你 吗
   早晨好！

7. oreko aji ʃi jə.
   晚上　好 你 吗
   晚上好！

8. ʃiji əmətʃədu agdadʑimi.
   你　来　　　高兴
   欢迎你。

9. bi ʃinbə itʃim əmətʃu.
   我 你　看　来
   我是来看你的。

10. ʃi ədu təgəkə.
    你 这　坐
    请你坐这里。

11. ʃi uutaldidʑini jə?
    你　忙　　　吗
    你忙吗？

12. bi mandi uutaldidʑimi.
    我　很　　忙
    我很忙。

13. ʃi ər dabki jokon uutadʑine？
    你 这 最近 什么 忙
    你最近忙什么呢？

14. bi dawu uutar aatʃim.
    我 太 忙 不
    我不太忙。

15. bi ʃindʑi bakaldibtʃi agdadʑimi.
    我 你 见到 高兴
    见到你很高兴。

16. bi naan ʃijiwu taagtʃi mandi agdadʑim.
    我 也 你 认识 很 高兴
    认识你也很高兴。

17. bi ʃijidu agdatʃu.
    我 你 谢谢
    谢谢你。

18. baita aatʃin.
    事 没
    不用客气。

19. bi ətʃi ulimi.
    我 现在 走
    我现在走。

20. ʃi ətʃi ilə gənəne?
你 现在 哪 去
你现在去哪里？

21. bi məəndi ʥuuduwi gənumi.
我 自己 家 回家
我要回自己的家。

22. oktoduwi əŋgəler ulikə.
路上 慢 走
路上慢走。

23. ʃi aji jə?
你 好 吗
你好吗？

24. bi aji, ʃi naan aji jə?
我 好 你 也 好 吗
我很好，你也好吗？

25. ʃi juutʃəʃi jə?
你 起床了 吗
你起床了吗？

26. bi unug juurə.
我 还没 起床
我还没起床。

27. bi təlin juutʃu.
　　 我　刚刚　起床了
　　 我刚刚起了床。

28. tinug oreko ajikan aatʃantʃaʃi jə?
　　 昨天　晚上　好　　　睡觉　吗
　　 你昨晚睡得好吗?

29. bi ajikan aatʃantʃu.
　　 我　好　　睡觉
　　 我睡得很好。

30. ʃi iləki əmətʃəʃi?
　　 你 哪里　来的
　　 你是从哪里来的呀?

31. bi kotonduki əmətʃu.
　　 我　城从　　来的
　　 我是从城里来的。

32. ʃi oni gərbi ʃe?
　　 你 什么 名字 呀
　　 你叫什么名字?

33. miji gərbiwi batu gunən.
　　 我的　名字　　巴图　叫
　　 我的名字叫巴图。

34. ʃi oni haltʃi?
    你 什么 姓
    你贵姓?

35. bi dulaar haltʃi.
    我 杜拉尔 姓
    我姓杜拉尔。

36. dulaar hal bikin du hal jə?
    杜拉尔 姓 是 杜 姓 吗
    杜拉尔姓就是杜姓吗?

37. tanatʃin, miji hal du hal.
    对 我的 姓 杜 姓
    对,我就是姓杜。

38. ʃi gərbi oorduwi halwi baitalandi jə?
    你 名字 写 姓 使用 吗
    你写名字时写姓吗?

39. bi halwi ətʃim baitalara.
    我 姓 不 使用
    我不写姓。

40. muji gərbiji doolajin hal aatʃin.
    我们 名字 里 姓 没有
    我们的名字里面没有姓。

41. su hali baitalatʃun jə?
    你们 姓 使用 吗
    你们写姓吗？

42. bu halwal itukət baitalamun.
    我们 姓 必须 使用
    我们必须写姓。

43. su halwal iləni baitalatʃun?
    你们 姓 哪里 写
    你们把姓写在哪里？

44. gərbiji ʥulidədu baitalamun.
    名字 前面 使用
    写在名字前面。

45. ʃiji gərbi ʃi məəni aimani ug jə?
    你的 名字 是 自己 民族 语 吗
    你的名字是本民族语吗？

46. untu, bi niakanʥi gərbi gatʃu.
    不是，我 汉语 名字 给
    不是，我是用汉语起的名字。

47. mətər, bi məəni aimani ugʥi gərbi gatʃu.
    是的 我 自己 民族 语言 名字 取
    是的，我是用本民族语取的名字。

48. ʃi iləji bəj ?
    你 哪里 人
    你是哪里人？

49. bi bikin dulaari bəj.
    我 是 杜拉尔 人
    我是杜拉尔乡的人。

50. ʃi naan dulaari bəjʃi jə?
    你 也 杜拉尔 人 吗
    你也是杜拉尔乡的人吗？

51. untu, bi dulaari bəj untu.
    不是 我 杜拉尔 人 不是
    不是，我不是杜拉尔乡的人。

52. ʃiji təgənʃi ur boɡla bitʃin jə?
    你的 家乡 山区 在 吗
    你的家乡在山区吗？

53. untu, miji təgən hudədu bitʃin.
    不是 我的 家乡 草原 在
    不是，我的家乡在草原。

54. mətər, miji təgənbi ur boɡdu bitʃin.
    是的 我的 家乡 山 区 在
    是的，我的家乡在山区。

55. ʃiji ʤuu ilə bitʃin?
    你的 家 哪 在
    你的家在哪里？

56. miji ʤuuwi imindu bitʃin.
    我的 家 伊敏 在
    我的家在伊敏。

57. miji ʤuuji urku ʤuligidə tow tondo moosul bitʃin.
    我的 家 门 前 直 直的 树 有
    我家门前有许多笔直的树木。

58. nooni ʤuuji naan imindu bitʃin jə?
    他的 家 也 伊敏 在 吗
    他的家也在伊敏吗？

59. untu!
    不是
    不是！

60. nooni ʤuujin kotondu bitʃin.
    他的 家 城市 在
    他的家在城里。

61. nooni amin ənini ʤuu ailadu bitʃin.
    他的 父 母的 家 村 在
    他父母的家在农村。

62. ʃi jəəki baktʃiʃi?
    你 多大 岁数
    你多大岁数了？

63. bi əri ane ʥaan ʥakun baktʃi.
    我 这年 十 八 岁
    我今年十八岁。

64. tari naan ʥaluʥi biʥirən.
    他 还 年轻 有
    他还很年轻。

65. naaʥil taitiʃi oki baktʃiʃi?
    外 祖母 多大 岁
    你的外祖母多大年纪了？

66. noon əməndən sagdiratʃa.
    她 已经 老了
    她已经老了。

67. miji naaʥil taitiwi nadanjin baktʃi ootʃa.
    我 外 祖母 七十 岁数 成
    我外祖母已经七十岁了。

68. surə naan əməndən ətkərətʃu.
    苏热 也 已经 老了
    苏热也已经老了。

69. surə naan əməndən nadanjin baktʃiwi duləʃə.
　　苏热　也　已经　　　七十　岁数　过了
　　苏热也已经七十多岁了。

70. su nuanam nuanan baktʃitʃi oobsun ʥalbariʥimi.
　　你们　长　　长　　岁数　成　　祝
　　祝你们长寿。

71. timatʃin bakaldigare！
　　明天　　见
　　明天见！

72. daki bakaldidawal.
　　再　　见
　　再见！

（二）婚姻家庭

1. ʃi ujumutʃəʃi jə？
　　你　结婚　　　吗
　　你结婚了吗？

2. bi unugu ujumurə.
　　我　没　　结婚
　　我还没有结婚。

3. bi dorolatʃa bəjtʃi ootʃu.
　　我　喜欢的　　人　　成
　　我已经有喜欢的人了。

4. ʃi ajiwuʥir bəjʥi ulildiʥine jə?
   你 喜欢的   人   交往   吗
   你和喜欢的人还在交往吗？

5. bi əmun ajiwuʥir bəjʥi ootʃu.
   你 一   爱恋的   人   成
   我已有一位恋人了。

6. bu dagtan ulildimun.
   我们 经常   交往
   我们经常交往。

7. ʃiji unaaʥi nəkun ʥalotʃi ootʃa jə?
   你的 女的 弟弟   青年有 成 吗
   你妹妹有男朋友了吗？

8. tari ətʃi naan aatʃin.
   她 现在 还 没有
   她现在还没有男朋友。

9. noon əmun ʥalotʃi ootʃa gunən.
   她   一   青年有   是   说
   据说她有了一个男朋友。

10. okidu koda ooron?
    何时 婚礼 举办
    什么时候办婚礼？

11. bi ətʃim saara.
    我　不　知道
    我不知道。

12. noonbə untu dorolatʃa bəj bitʃin jə?
    她把　其他　喜欢　人　有　吗
    其他还有喜欢她的人吗?

13. untu dorolatʃa bəj aatʃin gunən.
    其他　喜欢　人　没　说
    据说没有其他喜欢她的人。

14. ʃijidu dorolatʃa bəj bitʃin jə ?
    你　　喜欢　人　有　吗
    你有喜欢的人吗?

15. mijidu əri ʥabka dorolatʃa bəj aatʃin.
    我　这　至　喜欢　人　没有
    我至今没有喜欢的人。

16. bi naan əmunkəndi.
    我　还　一个人
    我还是单身。

17. ʃi əri ane ooki baktʃi ootʃaʃi?
    你　这　年　多　岁　成
    你今年多大岁数了?

18. bi əri ane gotin ʤuur baktʃi ootʃu.
    我 这 年 三十 二 岁 成
    我今年三十二岁了。

19. ʃiji əkintʃi bəjdu juutʃə jə？
    你的 姐姐 人 嫁了 吗
    你姐姐嫁人了吗？

20. miji əkinmi gorobti bəjdu juutʃə.
    我的 姐姐 早已 人 嫁了
    我姐姐早已嫁人了。

21. noon oni bəjdu juutʃə？
    她 什么 人 嫁了
    她嫁给了什么人？

22. miji əkinmi əwəŋki bəjdu juutʃə.
    我的 姐姐 鄂温克 人 嫁了
    我姐姐嫁给了鄂温克人。

23. iləji əwəŋki bəjdu juutʃə？
    哪里 鄂温克 人 嫁了
    嫁给了哪儿的鄂温克人？

24. dulaari əmun əwəŋki bəjdu juutʃə？
    杜拉尔 一 鄂温克 人 嫁了
    嫁给了杜拉尔乡的一位鄂温克人？

25. talurdu məəndi ʤuu bitʃin jə?
　　她们　自己　房子　有　吗
　　她们有自己的房子吗？

26. talurdu məəndi ʤuu aatʃin gunən.
　　她们　自己　房子　没有　据说
　　据说她们没有自己的房子。

27. miji əkinmi auʃeji amin əninʤi əmundu təgəʤirən.
　　我的　姐姐　姐夫　父　母　一起　居住
　　我姐姐和姐夫的父母一起住。

28. talur əmər ane irkin ʤuu gadan.
　　她们　来　年　新　房子　买
　　她们来年买新房子。

29. sundu ʤuu bitʃin jə?
　　你们　房子　有　吗
　　你们有房子吗？

30. bu ətʃi naan məəji ʤuu aatʃin.
　　我们现在　也　自己　房子　没有
　　我们现在也没有自己的房子。

31. toomi, aba məməʤi əmundu təgəʤimun.
　　所以　爸爸　妈妈　和　一起　住
　　所以，和父母一起住呢。

32. bu irkin luu ʥuu gatʃamun.
　　我们 新 楼 房 买了
　　我们买了一套新楼房。

33. taluri irkin ʥuujin kotondu bitʃin.
　　他们的 新 房子 城市 在
　　他们的新房子在市里。

34. su ilə təgəʥitʃun?
　　你们哪 住
　　你们住哪里？

35. su naan amin əninʥi əmundu təgəʥitʃun jə?
　　你们也 父 母 一起 住 吗
　　你们也和父母一起住吗？

36. untu, bu məəni ʥuuduwəl təgəʥimun.
　　不是，我们 自己 房子 住
　　不是，我们住自己的房子。

37. su luu ʥuudu təgəʥitʃun jə?
　　你们楼 房 住 吗
　　你们住楼房吗？

38. untu, bu nəgtə ʥuudu təgəʥimun.
　　不是 我们 矮的 房 住
　　不是，我们住的是平房。

39. ʃiji amin ənin jokon ooʤiron?
    你 父 母   什么 做
    你父母还在干什么？

40. noontir gub gərbəduki əwətən ʤuuduwi biʤirən.
    他们   都   工作   下来   家   在
    他们都退休在家。

41. su niʃukur bitʃin jə?
    你们 孩子   有 吗
    你们有孩子吗？

42. bu ətʃi naan niʃukur aatʃin.
    我们 现在 还 孩子   没有
    我们现在还没有孩子。

43. su okidu niʃukur gadatʃun?
    你们 何时 孩子   要
    你们什么时候要孩子呀？

44. əmər ane niʃukur gadamun.
    来   年   孩子   要
    我们来年要孩子。

45. miji aʃe bəj urgugdi jalan bia ootʃa.
    我的 妻 身体 重   三   月 有了
    我妻子已经怀孕三个月了。

46. miji əkinmi əmun urkəkəntʃi ootʃa.
    我的 姐姐 一个 男孩 成了
    我姐姐有了一个男孩。

47. bu ʥuur niʃukurtʃi ootʃamun.
    我们两个 孩子 有
    我们已经有了两个孩子。

48. bi əmun unaaʥitʃi.
    我 一 女孩 有
    我有一个女儿。

49. akinmi əmun urkəkəntʃi əmun unaaʥitʃi.
    哥哥 一 男孩有 一 女孩 有
    我哥哥有一个男孩和一个女孩。

50. əri ʥuuri atku.
    这 俩 双胞胎
    这俩是双胞胎。

51. ʃiji aʃeʃi ʥuuduwi bitʃin jə？
    你 妻子 家 在 吗
    你妻子在家吗？

52. noon niʃukurji iraatʃa.
    她 孩子 送去了
    她送孩子去了。

53. noon niʃukurji ʃuitandu iraatʃa.
    她　孩子　学校　送到了
    她把孩子送学校去了。

54. suji ʥuudu sagdi bəj bitʃin jə？
    你们　家里　老　人　有　吗
    你们家有老人吗？

55. ʥuudumun jəjə taiti bitʃin.
    家里　　爷爷 奶奶 有
    家里有爷爷和奶奶。

56. bu əmun ʥirgiltʃi ərgən ərgəʥimun.
    我们　一　幸福的　生活　过着
    我们过着幸福生活。

57. suji ʥuudu dagtan bəj əmərən jə？
    你们　家　经常　人　来　吗
    你们家经常来人吗？

58. muji ʥuudu bəj əmərjin baraan.
    我们　家　人　来　多
    我们家来的人多。

59. suji inig baldisun iktu？
    你们　日　生　怎么样
    你们的生活怎么样？

60. bu　gub　nandakanʤi　inig　baldiʤimun.
　　我们　都　　美好　　　日　　生
　　我们都过着美好生活。

61. su　nandakan　inig　baldibkisun　bi　naan　mandi　agdami.
　　你们　幸福　　　日　　生的话　　我　也　　非常　　高兴
　　你们生活幸福我也非常高兴。

62. talur　ajikan　inig　baldibkin　bu　gub　agdamun.
　　他们　好好　　日　　过的话　　我们　都　　高兴
　　他们好好过日子的话我们都高兴。

63. mini　akinmi　naan　əmun　irkin　ʤuu　gatʃa.
　　我　　哥哥　　又　　一　　新　　房子　买了
　　我哥哥又买了一套新房子。

64. akini　gatʃa　irkin　ʤuu　unəŋgi　udu.
　　哥哥　买的　　新　　房子　　特别　　大
　　哥哥买的新房子特别大。

65. bərgən　irkin　ʤuudu　təgərwə　mani　taalaran.
　　嫂子　　新　　房子　　住　　　非常　喜欢
　　嫂子非常喜欢住新房子。

66. əri　bikin　miji　akini　irkin　ʤuu　oodan.
　　这　　是　　我的　哥哥　　新　　房子　成
　　这是我哥哥的新房子。

67. talur tinuŋ məəji irkin ʤuuduwəl nuulgim iitʃə.
    他们 昨天 自己 新 房子 搬 进了
    他们昨天搬进了自己的新房子。

68. tari ʃaŋirin luu bikin miji akini irkin ʤuu.
    那 黄色的 楼 是 我的 哥哥 新 房子
    那栋黄色的楼是我哥哥的房子。

69. taluri ʤuujin bikin mani nandakan.
    他们的 房间 是 非常 漂亮
    他们的房间非常漂亮。

70. akin bərgən ʤuuri ʤuur niʃukurtʃi.
    哥 嫂 俩 两个 孩子 有
    哥哥和嫂子有两个孩子。

71. tari ʤuuri utəjin ər ane nugun baktʃi ooran.
    他 俩的 儿子 这 年 六 岁 成
    他俩的儿子今年六岁了。

72. taluri unaaʤijin ətʃi jalan baktʃi ootʃa.
    他们的 女儿 现在 三 岁 成
    他们的女儿现在三岁了。

73. ʃiji akintʃi ətʃi ʤuuduwi bitʃin jə?
    你 哥哥 现在 家 在 吗
    你哥哥现在在家吗？

74. noon ətʃi ʤuuduwi bitʃin.
　　他　现在　家　　在
　　他现在在家。

75. nəkunmi, awu əmətʃə?
　　弟弟　　 谁　来了
　　弟弟，谁来了？

76. akinmi əmun ajilʃin əmətʃə.
　　哥哥　一个　客人　来了
　　哥哥，来了一位客人。

77. ər ʃiji ʤuuʃi jə?
　　这　你的　家　吗
　　这是你家吗？

78. ʃiji ʤuudu adi aŋgal bəj bitʃin?
　　你　家　 几　口　　人　有
　　你家有几口人？

79. ʤuuduwi aba məmə ookin aʃewi bitʃin.
　　家里　　爸爸　妈妈　和　妻子　有
　　家里有爸爸、妈妈和我妻子。

80. naan miji əmun utə əmun unaaʤi bitʃin.
　　还　我的　一　儿子　一　姑娘　　有
　　还有我的一个儿子和一个姑娘。

81. miji ʤuudu bolgu nugun bəj bitʃin.
    我的 家里 都 六 人 有
    我家里共有六口人。

82. ʃi akinur əkunur bitʃin jə？
    你 兄弟 姐妹 有 吗
    你有兄弟姐妹吗？

83. mijidu əmun əkin əmun nəkun bitʃin.
    我 一个 姐姐 一个 弟弟 有
    我有一个姐姐和一个弟弟。

84. bu biki əkunur nəkunur jalan.
    我们 是 姐妹 弟兄 三个
    我们姐弟三个。

85. əkintʃi ətʃi ilə bitʃin？
    姐姐 现在 哪里 在
    你姐姐现在在哪里？

86. miji əkinmi ətʃi kotondu bitʃin.
    我的 姐姐 现在 城里 在
    我姐姐现在在城里。

87. nəkuntʃi naan kotondu təgəʤirən jə？
    弟弟 也 城市 住 吗
    你弟弟也住城里吗？

88. miji nəkunmi urirəndu təgodʒirən.
　　我　　弟弟　　村里　　　住
　　我弟弟住在村里。

89. tari bikin əmun tariʃin.
　　他　是　一　　农民
　　他是一位农民。

90. miji əkinmi doligu ʃuitani səbə ooran.
　　我的　姐姐　　中　　学　　老师　成
　　我姐姐是中学老师。

91. nooni ədijin alban bogdu gərbələdʒirən.
　　她的　丈夫　政府　部门　　工作
　　她丈夫在政府部门工作。

92. ʃiji əkini dʒuudu untu bəj bitʃin jə?
　　你的姐姐　家里　其他　人　有　吗
　　你姐姐家里还有其他人吗?

93. miji əkini dʒuudu auʃeduki untu bəj aatʃin.
　　我的　姐姐　家里　　姐夫　　其他　人　没有
　　我姐姐家里除了姐夫没有其他人。

94. əkintʃi dʒuuduwi jokon oodʒiran?
　　姐姐　　　家　　什么　　做
　　你姐姐在家做什么?

95. ʥuuduwi tərgəs ʃilkiʥiran.
　　　家　　　衣服　　洗
　　在家洗衣服。

96. ʃiji əkin ilə gənətʃə?
　　你的 姐姐 哪儿 去了
　　你姐姐去哪里了？

97. miji əkinmi tinug hailardu gənətʃə.
　　我的　姐姐　昨天　海拉尔　去了
　　我姐姐昨天去了海拉尔。

98. ʃijidu adi nəkun bitʃin?
　　你　几　弟弟　有
　　你有几个弟弟？

99. bi əmunli nəkun tʃi.
　　我 唯一　弟　有
　　我只有一个弟弟。

100. əri ʥuudu awu bəj təgəʥirən?
　　　这 屋　 谁　人　住
　　谁住这间屋子呢？

101. muji unaaʥimun əmukəjə təgəʥirən.
　　　我们　女儿　　独自　　居住
　　我们的女儿独自居住。

102. tari ətʃi ʥuuduwi bitʃin jə?
　　 她　现在　屋子里　有　　吗
　　 她现在在屋子里吗？

103. miji unaaʥiwi təlintə ʃuitanduwi gənətʃə.
　　 我的　女儿　　刚刚　　学校　　去了
　　 我女儿刚刚去了学校。

104. miji unaaʥiwi oreko təlin əmərgirən.
　　 我的　女儿　　晚上　才　回来
　　 我女儿晚上才回来。

105. bi əri irkin bitigi təbkuwə unaaʥiduʃi buukte.
　　 我 这 新　 书　 包　　 女儿　　 给
　　 我把这个新书包给你的女儿吧。

106. tari əmun atʃkun lantar ʥuu miji utəji ʥuu.
　　 那　一　　略　　乱　屋子 我　儿子 屋子
　　 那一间稍微有点乱的是我儿子的屋子。

107. tari niʃukuntʃilə or bikin miji utəji or.
　　 那　小　略　　床 是　我 儿子 床
　　 那张略小一点的床是我儿子的床。

108. əri jəəməsul bolgu ʃiji utəji jəəmə jə?
　　 这　东西　　都是　你 儿子 东西 吗
　　 这些都是你儿子的东西吗？

109. ʤukdan, bolgo miji utəji jəəmə oodan.
 对， 都是 我 儿子 东西 成
 对，都是我儿子的东西。

110. ʃiji utəji bəjin gogdo jə?
 你 儿子 个子 高 吗
 你儿子的个子高吗？

111. utəji bəjin amindikiwi gogdo.
 儿子 个子 父亲比 高
 儿子的个子比父亲高。

112. tariji bəjin gogdojin 1.8mi oodan.
 他的 身 高 1.8米 成
 他身高是1.8米。

113. ər inig suji ʤuudu awu əmərən?
 这 天 你们 家 谁 来
 今天谁来你们家？

114. ər inig əʃikən muji ʤuudu əmərən.
 这 天 叔叔 我们 家 来
 今天叔叔来我们家。

115. nautʃowi naan əmərən.
 舅舅 也 来
 我舅舅也要来。

116. bi sujidu əmun tʃaatʃug ukuntʃi tʃe tʃokom buukte.
　　 我　你们　一　　碗　　奶茶　　倒　给
　　 我给你们倒一碗奶茶。

117. su ukuntʃi tʃe imakaldun.
　　 你们 奶　茶 喝
　　 请你们喝奶茶。

118. suji tərgəssun laibar ootʃa.
　　 您的　衣服　　脏　成
　　 您的衣服脏了。

119. suji laibar tərgəswəsun ʃilkim buukte.
　　 您的 脏的　 衣服把　　　洗　　给
　　 我把您的脏衣服给洗了吧。

120. miji əninmi noonərdu irkin tərgəs uldim buutʃə.
　　 我　妈妈　　他们　 新　　衣服　缝　给了
　　 我妈妈给他们缝制了新衣服。

121. muji dʒuudu miin aji bəj bikin miji ənin oodan.
　　 我们 家里　 最　好　人　是　我的　母亲　是
　　 我们家最善良的人就是母亲。

122. noon əmun tob tontobkon bəj oodan.
　　 她　　一　　直　直直的　　人　成
　　 她是个十分耿直的人。

123. muji ʥuuji bəjsul bolgu əninbə ajiwuran.
　　 我们　家　人们　　都　　母亲　喜欢
　　 我们家里的人都喜欢母亲。

124. əkinmi dagtan əninbə aiʃilam uilə ooran.
　　 姐姐　经常　母亲　帮助　劳动　做
　　 我姐姐经常帮助母亲做家务活儿。

125. bi naan ʥuuduwi əninbə aiʃilam uilə oomi.
　　 我　也　家里　　母亲　帮助　劳动　做
　　 我也在家里帮助母亲干活儿。

126. miji aminmi inig tula alban bogdu gərbələnərən.
　　 我　父亲　天　每　政府　部门　工作　去
　　 我父亲每天都到政府部门去上班。

127. aminmi inig tula albani bogduki mani oreko əmərgirən.
　　 父亲　天　每　政府　部门　非常　晚　回来
　　 我父亲每天都很晚下班回来。

128. nooni gərbəjin inig tula mani baraan.
　　 他　　工作　　天　每　非常　多
　　 他的工作每天都很多。

129. ʃiji amintʃi oni bəj?
　　 你　父亲　什么　人
　　 你父亲是什么民族？

130. miji aminmi bikin əwəŋki bəj.
　　 我　　 父亲　 是　 鄂温克　人
　　 我父亲是鄂温克人。

131. noon əmun naan arki ətʃin imara.
　　 他　 一　 也　 酒　 不　 喝
　　 他一口酒也不喝。

132. aminmi əmun naan ətʃin pantʃira.
　　 父亲　　 一　 也　 不　 生气
　　 我父亲从来不发脾气。

133. noon bitig itʃirwə mandi ajiwuran.
　　 他　 书　 看　　 非常　 喜欢
　　 他十分喜欢看书。

134. noon naan denʃi itʃirwə ajiwuran.
　　 他　 也　 电视　 看　　 喜欢
　　 他也喜欢看电视。

135. aminmi dagtan ənindʒi əmundu denʃi itʃirən.
　　 父亲　 经常　 母亲　 一起　 电视　 看
　　 父亲经常和母亲一起看电视。

136. noontin mani baraan jəəmə kəərəldirən.
　　 他们　　 很　 多　 事情　 聊
　　 他们俩总是聊很多事情。

137. tooson ʥaarin bi noontin jokon kəərəldirwə ətʃim saara.
 那样 也 我 他们 什么 聊 不 知道
 但我一点儿也不知道他们聊什么。

138. timatʃin əkinmi ʥuuduwi gənurən.
 明天 姐姐 家 回
 明天姐姐要回家。

139. bi naan timatʃin ʥuuduwi gənume.
 我 也 明天 家 回
 我也明天回家。

140. bi əkinmi mani ʥoonotʃowi.
 我 姐姐 特别 想
 我特别想姐姐。

141. miji əkinmi mani nandakan bəj oodan.
 我的 姐姐 特别 漂亮 人 成
 我姐姐长得特别漂亮。

142. bi amin əninduwi baraan bələri gam buutʃu.
 我 父 母 多 礼物 买 给
 我给父母买了很多礼物。

143. amin ənin ʥuuri mujidu baraan ʥibtər jəəmə bələktʃə gunən.
 父 母 俩 我们 多 吃的 东西 准备 说
 据说父母给我们准备了很多好吃的东西。

144. bi amin ənindʒi ətʃə bakaldir ani baraan inig ootʃu.
　　 我　父　母　　　没　见面　挺　多　日　成
　　 我有挺多日子没见到父母了。

145. toomi, amin ənindʒi bakaldim gum mandi dʒoonodʒimi.
　　 所以　父　母　　　　见　　　是　非常　想
　　 所以，我非常想见父母。

146. naan akin əkindʒi bakaldim gum dʒoonodʒimi.
　　 也　哥哥　姐姐　　见　　是　想
　　 也想见哥哥和姐姐。

147. timatʃin əmun mani aji inig ooran.
　　 明天　　一　　非常 美好 日子 成
　　 明天一定是一个非常美好的日子。

（三）餐饮

1. ʃi dʒəəbtə dʒibtʃəʃi jə?
　 你　饭　　吃了　　吗
　 你吃饭了吗？

2. dʒukdan, bi dʒibtʃu.
　 对　　　我　吃完了
　 对，我已经吃过了。

3. bi unug dʒibtə.
　 我　没　吃
　 我还没吃饭。

4. bu ʤəəbtə ʥibtər bogdu ʤəəbtə ʥibgəre.
   我们 饭 吃 地方 饭 吃 吧
   我们去饭馆吃饭吧。

5. bu baranʤi əmundu ʤəəbtə ʥibtər bogdu gənətʃəmun.
   我们 大家 一起 饭 吃 地方 去了我们
   我们大家一起去了饭馆。

6. ʤəəbtə ʥibtər bog idu biʃin?
   饭 吃 地方 哪 有
   饭馆在哪里？

7. ʃini ʥuliləʃi ʤəəbtə ʥibtər bog biʃin.
   你的 前方 饭 吃 地方 有
   在你的前面就有饭馆。

8. ʃi temər ʤəəbtə jokon ʥibtʃə jə?
   你 早晨 饭 什么 吃了 呀
   你早餐吃了什么呀？

9. bi teməri ʤəəbtəwi ʥibtʃu.
   你 早晨 饭 吃了
   你吃过早餐了。

10. su gub teməri ʤəəbtəwəl ʥibtʃəsun jə?
    你们 都 早晨 饭 吃过了 吗
    你们都吃过早餐吗？

11. bu gub ʤibtʃəmun.
　　我们 都　吃过了
　　我们都吃过了。

12. awu teməri ʤəəbtəwə ootʃa?
　　谁　 早　 饭　 做
　　谁做了早饭？

13. guuguwi teməri ʤəəbtəwə ootʃa.
　　姑姑　　 早　　饭　　做
　　我姑姑做的早饭。

14. guuguwi ukuntʃi tʃe ələtʃə, imugsə əwəən hagritʃa.
　　姑姑　　 奶　茶　煮了，　油　　饼　　烙了
　　我姑姑熬了奶茶，烙了油饼。

15. əʃikənʃi naa temər ʤəəbtə ʤibtʃə jə ?
　　叔叔　也　早晨　 饭　 吃了 吗
　　你叔叔也吃了早饭吗？

16. noon temər ʤəəbtəwi ʤibtʃə.
　　他　早晨　 饭　　 吃了
　　他已经吃过早餐了。

17. ʃiji əʃikənmi temər ʤəəbtə jokon ʤibtʃə ?
　　你　叔叔　　 早晨　饭　 什么　 吃了
　　你叔叔早饭吃的什么？

二　杜拉尔鄂温克语会话句

18. əʃikənmi tʃe imatʃa, hagritʃa əwəən ʥibtʃə.
    叔叔　　茶　喝，　　烙　　饼　吃了
    叔叔喝了茶，吃了烙饼。

19. nəkunmi əkun imatʃa, omokto ʥibtʃə.
    弟弟　　牛奶　喝，　鸡蛋　　吃
    弟弟喝了牛奶，吃了鸡蛋。

20. bi temər əmun tʃaatʃug goli ʥəəbtə ʥibtʃu.
    我　早晨　一　　碗　　面　饭　　吃了
    我早餐吃了一碗面条。

21. tari bəji ʥəəbtə ʥibtərin ətʃukuli wadan.
    那　人　饭　　吃　　非常　　慢
    那个人吃饭非常慢。

22. bi naan wadan ʥibtərwə mandi ajiwume.
    我　也　慢慢　　吃饭　　非常　喜欢
    我也非常喜欢慢慢吃饭。

23. niʃukun unaaʥi nəkunmi əmun tʃomo əkun imatʃa.
    小　　女的　　弟弟　　一　　杯　牛奶　喝了
    小妹妹喝了一杯牛奶。

24. ainmi temər tula ukun aatʃin tʃe imaran.
    爸爸　早　每　奶　没　　茶　喝
    爸爸每天早餐都喝不放奶的茶。

25. toosokot, noon kafi imarwa ətʃin ajiwura.
    但是，   他 咖啡 喝   不   喜欢
    但是，他不喜欢喝咖啡。

26. akinmi dagtan kafi imaran.
    哥哥   经常   咖啡 喝
    我哥哥经常喝咖啡。

27. talur untu naan jokon ʥibtən?
    他们 别的 还   什么   吃
    他们别的还吃什么？

28. ʃi kakaraji omokto ʥibtʃəʃi jə?
    你   鸡   蛋   吃过了 吗
    你吃鸡蛋了吗？

29. taluri ʥuujin temər ʃiŋgən ʥəəbtə imaran.
    他们的 家   早晨   稀   粥   喝
    他们家早餐喝稀粥。

30. talur əmul ʃiŋgən ʥəəbtə imabtʃi, untu jəəmə ətʃin ʥibtə jə?
    他们 只   稀   粥   喝   其他 东西 不   吃   吗
    他们只喝稀粥，不吃其他东西吗？

31. su adi ərindu inig dolini ʥəəbtə ʥibtətʃun?
    你们 几 点   中   午   饭   吃
    你们几点吃中午饭？

32. bu ʥaan ʥuur ərind inig dolini ʥəəbtə ʥibtəmun.
    我们 十 二 点 中 午 饭 吃
    我们十二点吃午饭。

33. su inig dolini ʥəəbtə jokon ʥibtətʃun?
    你们 中 午 饭 什么 吃了
    你们午饭吃什么?

34. inig dolin goli ʥəəbtə ʥibtəmun.
    中 午 面 条 吃
    我们中午吃面条。

35. miji unaaʥi nəkunmi inig dolin ʥəəbtə ʥibtərin mandi homdo.
    我的 女的 弟弟 中 午 饭 吃 非常 少
    我妹妹午饭吃得很少。

36. baraan bəjsul inig dolin deger ʥəəbtə ʥibtən.
    许多 人们 中 午 快 餐 吃
    许多人中午吃快餐。

37. oreko ʥəəbtə oni ərində ʥibtətʃun?
    晚上 饭 什么 时候 吃
    晚饭几点钟吃?

38. inig amila nugun ərinduli oreko ʥəəbtə ʥibtəmun.
    午 后 六 点 晚上 饭 吃
    下午六点左右吃晚饭。

39. oreko ʥəəbtə ʥibtərdi kanta ʥəəbtə kulkutʃə solgektə ʥibtəmun.
    晚上　饭　吃　米　饭　炒　菜　吃
    晚饭吃米饭炒菜。

40. məməji solgektə oorin mandi amtan tʃi.
    妈妈　菜　做　非常　味道　有
    妈妈做菜非常好吃。

41. akinmi laoʥi tulilə ʥəəbtə ʥibtən.
    哥哥　经常　外面　饭　吃
    哥哥经常在外面吃饭。

42. miji amikanmi piʥu imarwa dorolaran.
    我的　大爷　啤酒　喝　爱
    我大爷爱喝啤酒。

43. noon laoʥi gotʃigdi ʥəəbtə ʥibtən.
    她　经常　辣　饭　吃
    她经常吃辣味的饭菜。

44. əri dabki ʥəəbtə ʥibtər bog bitʃin jə？
    这　附近　饭　吃　地方　有　吗
    这附近有饭馆吗？

45. okto aktʃabkidu ʥəəbtə ʥibtər bog bitʃin.
    马路　对面　饭　吃　地方　有
    马路对面就有饭馆。

二 杜拉尔鄂温克语会话句 55

46. əri bikin ʤəəbtə ʤibtər bɔg.
    这 是 饭 吃 地方
    这里就是饭馆。

47. mijidu əmun tʃaku tʃe buukə.
    我 一 壶 茶 给
    请给我上一壶茶。

48. bi əmun taŋgur ukuri uldətʃi goli ʤəəbtə gami.
    我 一 碗 牛 肉 面 饭 要
    我想点一碗牛肉面。

49. əri ʤəəbtə ʤibtər bogi solgektəjin ətʃukul amtantʃi.
    这 饭 吃 地方 菜 特别 香
    这家饭馆的菜特别好吃。

50. miji nəkun ʤəəbtəwi bolgo ʤibtʃə.
    我 弟弟 饭 全 吃了
    我弟弟把饭全都吃了。

51. nəkunmi ukun tʃe imarwa ətʃin ajiwura.
    弟弟 奶 茶 喝 不 喜欢
    我弟弟不喜欢喝奶茶。

52. tari ukuri uldətʃi goli ʤəəbtə ʤəəbtərwə ajiwuran.
    他 牛 肉 面 饭 吃 喜欢
    他喜欢吃牛肉面。

53. əli hondo ʥəəbtə ʥibki əli gaŋgaku ooran.
　　越　少　　饭　　吃　越　瘦　　成
　　吃的饭越少会越变瘦。

54. tooman, miji unaaʥi nəkunmi mani hondo ʥəəbtən.
　　所以，　我的　女的　弟弟　越　很　少　　吃
　　所以，我妹妹吃得很少。

55. miji unaaʥi nəkunmi oktʃoni uldə ʥəəbtərwə ajiwuran.
　　我的　女的　弟弟　　鱼　　肉　　吃　　　喜欢
　　我妹妹喜欢吃鱼肉。

56. su tinug oreko adi ərində ʥəəbtə ʥibtʃəsun?
　　你们　昨天　晚　几　点　　饭　　吃了
　　你们昨晚几点吃的饭？

57. orekoji nugun ərindu ʥibtʃəmun.
　　晚上的　六　　点　　吃了
　　昨晚六点钟吃了。

58. aminmi orekoji ʥəəbtə ʥibtərduwi ʥuur duŋtʃi arki imatʃa.
　　父亲　　晚　　饭　　吃　　　　两　杯　　酒　喝了
　　我父亲晚上吃饭时喝了两杯酒。

59. toosokot, baraan ətʃin imara.
　　但是，　　多　　不　　喝
　　但是，喝得不多。

60. talur pidʒu imarwa taalaran jə?
    他们 啤酒 喝 感兴趣 吗
    他们对喝啤酒感兴趣吗？

61. pidʒu imarwa tanatʃin ətʃin taalara.
    啤酒 喝 那么 不 感兴趣
    对于喝啤酒不那么感兴趣。

62. noon naan uldə dʒibtərwə mani ajiwuran.
    他 还 肉 吃 特别 喜欢
    他还特别喜欢吃肉。

63. ʃiji abaʃi jokoni uldə dʒibtərwə ajiwuran?
    你 父亲 什么 肉 吃 喜欢
    你父亲喜欢吃什么肉？

64. ukur ookin konini uldə dʒibtərwə ajiwuran.
    牛 和 羊 肉 吃 喜欢
    喜欢吃牛肉和羊肉。

65. untu, naan oroon giitʃən dʒəgrəni uldə dʒibtən.
    另外 还 鹿 狍子 黄羊 肉 吃
    另外，还吃鹿肉、狍子肉、黄羊肉。

66. talur solgektə dʒibtərwə taalaran jə?
    他们 菜 吃 喜欢 吗
    他们喜欢吃菜吗？

67. talur solgektə baraan ətʃin ʥibtə.
 他们 菜 多 不 吃
 他们不经常吃菜。

68. muji ʥuu naan baraajin uldətʃi ʥəəbtə ʥibtən.
 我们 家 也 多 肉 饭 吃
 我们家的饭也是以肉食为主。

69. nooni ʥuujin ətʃi konini uldə ʥibʥirən.
 他的 家里 现在 羊 肉 吃
 他家里现在正在吃羊肉。

70. əkinmi solgektə ʥibtərwə dawu taalaran.
 姐姐我 菜 吃 挺 喜欢
 我姐姐挺喜欢吃菜。

71. tari solgektə ʥibki bəjdu aji gunən.
 她 菜 吃 身体 好 说
 她说吃菜对身体好。

72. toosokot, bi solgektə baraan ətʃim ʥibtə.
 但是， 我 菜 多 不 吃
 尽管如此，我还是菜吃得不多。

73. miji itʃirdu ukuri uldə ookin ukuri əkun bəjdu mani aji.
 我 看 牛 肉 和 牛 奶 身体 非常 好
 依我看牛肉和牛奶同样对于身体非常好。

74. niʃukurdu ukuri əkun baraan imukanki ʥukdan.
    小孩　　牛 奶 多　喝　　　对
    应该让小孩多喝牛奶。

75. niʃukur naan ukuri uldəwə baraan ʥibki ʥukdan.
    小孩　还 牛　　肉　　多　　吃 对
    小孩还应该多吃牛肉。

（四）学校

1. əri ʃi ʃuitan jə?
   这 是 学校 吗
   这里是学校吗？

2. mətər, əri bikin əmun niʃukun ʃuitan.
   是的　 这 是　一　 小　　学校
   是的，这是一所小学。

3. əri ʃuitan ʃiji ʃuitan jə?
   这 学校 你的 学校 吗
   这学校是你的学校吗？

4. untu, əri miji ʃuitan untu.
   不是，这 我的 学校 不是
   不是，这不是我的学校。

5. ʃiji ʃuitanʃi ilə bitʃin?
   你的 学校 哪 有
   你的学校在哪里？

6. miji ʃuitanbi ʥulilə bitʃin.
   我的 学校   前   有
   我的学校在前面。

7. tari bikin əmun mandi gərbitʃi doligu ʃuitan ooran.
   那 是   一   非常   有名   中   学校   成
   那是一所非常有名的中学。

8. əri doligu ʃuitani oldondu əmun udu ʃuitan bitʃin.
   这   中   学校   旁边   一   大   学校   有
   这个中学旁边有一所大学。

9. noon bikin əri doligu ʃuitani səbə ooran.
   他   是   这 中   学校   老师 成
   他是这所中学的老师。

10. əmun toongo ʃilbar səbə.
    一   数学   教   老师
    一位数学老师。

11. nooni toongo ʃilbarjin mandi aji gunən.
    他的   数学   教   非常 好 说
    据说他数学课讲得非常好。

12. oʃigan naan əri doligu ʃuitani səbə jə?
    敖喜汗 也 这 中   学校   老师 吗
    敖喜汗也是这所中学的老师吗?

13. untu, noon bikin niʃukun ʃuitani səbə.
    不是，他 是 小 学校的 老师
    不是，他是小学老师。

14. dooldirdu ʃiji guuguʃi naan səbə gunən?
    听说 你 姑姑 也 老师 是
    听说你姑姑也是老师？

15. tanatʃin, noon naan əmun səbə.
    是的 她 也 一 老师
    是的，她也是一位老师。

16. guuguʃi əri niʃukun ʃuitani səbə jə ?
    姑姑 这 小 学校的 老师 吗
    你姑姑是这所小学的老师吗？

17. untu, guuguwi doligu ʃuitani səbə ooran.
    不是 姑姑 中 学校的 老师 成
    不是，我姑姑是中学老师。

18. noon gərbəjin əsukul jaaru jə?
    她 工作 很 忙 吗
    她的工作很忙吗？

19. noon inig tula bitig ʃilbadʒiran.
    她 天 每 书 教
    她每天都教书。

20. ʃiji guuguʃi jokon ʃilbadʒiran?
    你　姑姑　什么　教
    你姑姑教什么课？

21. miji guuguwi əwəŋki ug ʃilbadʒiran.
    我　姑姑　鄂温克语　教
    我姑姑教鄂温克语。

22. daki naan moŋgol ug ʃilbadʒiran.
    另　还　蒙古语　教
    另外还教蒙古语。

23. ʃiji guugujiʃi doligu ʃuitani ilə bitʃin?
    你　姑姑　中　学校　哪　有
    你姑姑的中学在哪里？

24. əri bikin miji guuguji doligu ʃuitani ooran.
    这　是　我　姑姑　中　学校　成
    这就是我姑姑的中学。

25. mandi naan əri doligu ʃuitani səbə.
    曼迪　也　这　中　学校　老师
    曼迪也是这所中学的老师。

26. mandi doligu ʃuitandu jokon ʃilbadʒiran?
    曼迪　中　学校　什么　教
    曼迪在中学教什么呢？

27. noon naa əwəŋki ug ʃilbadʒiran jə?
    他　　也　鄂温克语　教　　吗
    他也教鄂温克语吗？

28. mandi bikin əmun denno ʃilbar səbə.
    曼迪　是　一　计算机　教　老师
    曼迪是一名教计算机的老师。

29. əri niʃukun ʃuitan mani nandakan.
    这　　小　　学校　特别　漂亮
    这所小学特别漂亮。

30. ʃuitan doola tuʃugan bitʃin jə ?
    学校　里　图书馆　　有　吗
    学校里有图书馆吗？

31. ʃuitan doola tuʃugan ookin juelanʃi bolgu bitʃin.
    学校　里　图书馆　　和　阅览室　都　有
    学校里有图书馆和阅览室。

32. əri bikin ʃuitani jundunt ʃan ooran.
    这　是　学校　　运动场　　成
    这里是学校的运动场。

33. undunt ʃan doola naan lant ʃuut ʃan bitʃin.
    运动场　　里面　还　篮球场　　有
    运动场里面还有篮球场。

34. undunt∫an doola ʥut∫ut∫an bit∫in jə?
    运动场   里面 足球场   有 吗
    运动场里面有足球场吗？

35. əre, əri ∫uitani undunt∫ani ont∫i udu mə!
    啊呀 这 学校的 运动场   多么 大 呀
    啊呀，这学校的运动场可真大呀！

36. ∫uitan ane tula nugun biadu jundunhui ooran.
    学校 年 每 六   月   运动会 举行
    学校每年六月举办运动会。

37. ∫ebinur məən məəni ajiwunʥi jundunhuidu iirən.
    学生们 自己 自己 喜好   运动会   参加
    学生们根据各自喜好参加运动会。

38. ələji ∫ebinur bolgu kusuləm tatirən.
    这里 学生们 都   努力   学习
    这里的学生们都努力学习。

39. toomi, ∫ebinur bolgu tatirjin aji.
    所以，学生们 都   学习   好
    所以，学生们的学习都好。

40. ∫iji ni∫ukun nəkun əri ni∫ukun ∫uitandu bit∫in jə?
    你的 小   弟弟 这   小   学校 在 吗
    你的小弟弟在这所小学校吗？

41. ʥukdan, tari əri niʃukun ʃuitandu bitig əəriʥirən.
    对，   他 这 小   学校   书   读
    对，他在这所小学读书。

42. məməwi niʃukun nəkunmi inig tula ʃuitandu iraaran.
    妈妈   小   弟弟   天 每   学校   送
    妈妈每天把小弟弟送到学校。

43. miji niʃukun nəkunmi baraan tuŋʃe bitʃin.
    我的 小   弟弟   多   同学   有
    我小弟弟有很多同学。

44. talur əmundu bitig tatiran, əmundu əwirən.
    他们 一起   文化 学习， 一起   玩
    他们一起学习，一起玩。

45. miji nəkunmi banʥiduwi miin burgu tatiʃin ooran.
    我   弟弟   班级里   最   胖   学生   是
    我弟弟是在班里最胖的学生。

46. talur niʃukun ʃuitandu əwəŋki ug ookin moŋgol ug tatiran.
    他们 小   学校   鄂温克 语 和   蒙古 语 学
    他们在小学学习鄂温克语和蒙古语。

47. naan niahan ug ookin jiŋju tatiran.
    还   汉语   和   英语 学
    还要学习汉语和英语。

48. niʃukun ʃuitan ərdəji jakun ərindu kitʃən əurkərən.
    小　　学校　　早　　八　　时　　课　　开始
    小学早八点钟开始上课。

49. inig dolini ʤaan ʤuur ərindu kitʃən əwərən.
    日　中　　十　　二　　点　课　下
    中午十二点下课。

50. niʃukun ʃuitan daki inig amila ʤuur ərindu kitʃən əurkərən.
    小　　学校　再　日　后　两　点　课　开始
    小学再从下午两点开始上课。

51. tooton, inig amilaji digin ərindu kitʃən əwərən.
    然后，日　后　　四　点　课　下
    然后，下午四点下课。

52. əri niʃukun ʃuitandu jəəki tatiʃin bitʃin?
    这　小　　学校　　多少　学生　有
    在这所小学有多少名学生？

53. gubʤi jakun namaaʤi tatiʃin bitʃin.
    全部　八　　百　　　学生　有
    全部有八百名学生。

54. jəəki səbu bitʃin?
    多少　老师　有
    有多少老师？

55. bi jəəki səbu bitʃirwə ajidʒi ətʃim saara.
　　我 多少　老师　　有　　清楚　不　知道
　　我不太清楚究竟有多少名老师。

56. udubti əmun namaadʒi eʃer səbu bitʃin ba?!
　　大概　　一　　百　　　到　老师　有　吧
　　大概有一百名教员吧?!

57. ʃi naan əri ʃuitani səbu jə?
　　你　也　这　学校的　老师　吗
　　你也这所学校的老师吗?

58. dʒukdan, bi əri niʃukun ʃuitandu bitig ʃilbadʒime.
　　对，　　 我　这　 小　　 学校　 书　 读
　　对，我就在这所小学教书。

59. ʃiji dʒuu ʃuitanduki gor jə?
　　你的　家　　学校　 远　吗
　　你家里离学校远吗?

60. muji dʒuu ʃuitanduki mani gor.
　　我们的　家　　学校　　很　远
　　我们家离学校很远。

61. ʃuitandu tərgən əlgəm əməne jə?
　　学校　　　车　　 开　　 来　吗
　　你是开车来学校吗?

62. bi motoor ogobtʃi ʃuitandu əməmi.
　　我　摩托车　骑　　学校　　来
　　我是骑摩托车来学校。

63. əri ʃiji gərbələr ʤuu jə?
　　这　你的　工作　　屋　吗
　　这是你的办公室吗？

64. miji alban ʃirə oroondu baraan bitig bitʃin.
　　我的　办公　桌　　上面　　多　　书　有
　　我办公桌上面有好多书。

65. baraanin tatiʃini ʤuəjebən ooran.
　　多　　　　学生　　作业本　　成
　　多数是学生的作业本。

66. ʃiji ʃilbar kitʃən baraan jə?
　　你　教　　课程　　多　　吗
　　你教的课程多吗？

67. inig tula digin ərini kitʃən bitʃin.
　　天　每　　四　　时间　课　　有
　　每天有四节课。

68. noon naan ʃebisuldu denno bajtalar gianbə ʃilbaran.
　　她　　也　　学生们　　电脑　使用　　技术　教
　　她也给学生们教电脑使用技术。

二 杜拉尔鄂温克语会话句

69. miji nəkunmi naan denno bajtalar gianbə tatitʃa.
    我　弟弟　也　电脑　使用　技术　学了
    我弟弟也学了电脑使用技术。

70. nəkunmi əmun aji doligu ʃuitandu iitʃə.
    弟弟　一　好　中　学校　进了
    我弟弟考进了一所好中学。

71. tari naan əmun aji udu ʃuitandu iim gum ʤoonʤiran.
    他　还　一　好　大　学校　进　是　希望
    他还希望考入一个好的大学。

72. aji udu ʃuitani səbuji bitig ʃilbarjin naan aji.
    好　大　学校　老师　书　教　也　好
    好的大学里老师书教得也好。

73. aji udu ʃuitandu iibkin aji ərdəm tatim bakaran.
    好　大　学校　考入　好　知识　学习　得到
    考入好的大学，就会学到好的知识。

74. tiŋan bi əwəŋkiji doligu ʃuitanduki bijeltʃu.
    去年　我　鄂温克　中　学校　毕业
    我去年从鄂温克中学毕业了。

75. bi ətʃi əmun udu ʃuitani ʃebi ootʃu.
    我　现在　一　大　学校　学生　成
    我现在已经是一名大学生了。

76. bi bəidʑini əmun gərbitʃi udu ʃuitandu bitig əəridʑimi.
　　我　北京的　　一　　名牌　　大　学校　　书　　读
　　我在北京的一所名牌大学读书。

77. bi tuligu guruni udu ʃuitandu tatibkiwi jəəki aji bisə!
　　我　外　　国的　大　　学　　学习的话 多么　好　是
　　假如我能去国外的大学学习该多好呀！

78. bu ʃiɲtʃi inig tula bolgo jiŋju tatidʑimun.
　　我们　星期　日　每　　都　英语　　学
　　我们每个星期日都学英语。

79. su ʃuitandu ajikan tatibkisun bu mandi agdamun.
　　你们　学校　　好好　学习的话　我们　非常　　高兴
　　你们在学校好好学习，我们会非常高兴。

80. su ajidʑi tatibkisun udʑigubteji tərgulwəl nandakan ulibtʃun.
　　你们 好好 学习的话　　　未来　　　　路　　美好　　走
　　你们好好学习的话，未来走的路就会十分美好。

（五）工作

1. ʃi gərbədʑine jə?
　　你　工作呢　　吗
　　你工作呢吗？

2. bi ətʃi gərbə aatʃin, bi bikin əmun jendʑuʃən oomi.
　　我 现在 工作　没有　　我　是　　一　　研究生　　成
　　我还没有工作，我是一名研究生。

3. bi əmər ane gərbə gələəm gum ʥoonʥimi.
   我　来　年　工作　找　是　打算
   我打算来年找一份工作。

4. ʃiji akintʃi ilə gərbəʥirən?
   你的　哥哥　哪　工作
   你哥哥在哪里工作？

5. akinmi alban bogdu gərbəʥirən.
   哥哥　政府　部门　工作
   哥哥在政府部门工作。

6. suji gərbəsun ərdəji adi ərinduki əurkərən?
   你们　工作　早　几　点　开始
   你们早上几点开始工作？

7. muji gərbəmun ərdəji jakun ərin dolinduki əurkərən.
   我们　工作　早　八　点　半　开始
   我们早上八点半开始工作。

8. ʃi inig tula adi ərindu gərbədu gənəne?
   你　天　每　几　点　工作　去
   你每天几点去上班？

9. bi inig tula ərdəji nadan ərindu gərbədu gənəmi.
   我　天　每　早　七　点　工作　去
   我每天早上七点去上班。

10. miji aʃewi inig tula ərdəji jakun ərindu gərbədu gənərən.
    我 妻子 天 每 早 八 点 工作 去
    我妻子每天早上八点去上班。

11. suji ʤuusun albani bogduki gor jə?
    你们 家 办公 地点 远 吗
    你们家离办公地点远吗？

12. bu kotoni ʤabkadu təgəʤimun.
    我们 城 边 居住
    我们居住在城市的边缘。

13. bi ʤuuduki albani bog ʤabka əmun sag ulimi。
    我家 办公 地 到 一 小时 走
    我从家到办公地点要走一个小时。

14. inig dolin adi ərindu amratʃun？
    日 中 几 点 休息
    中午几点休息？

15. bu ʤaan ʤuur sagduki əurkəm amramun.
    我们 十 二 点 开始 休息
    我们从十二点开始休息。

16. muji gərbəmun inig amila əmun sagdu əurkərən.
    我们 工作 日 后 一 点 开始
    我们下午的工作一点开始。

17. tooton, inig amilaji digin sag dolindu gərbəduki əwərən.
    然后， 日   后   四 点   半   工作   下来
    然后，下午四点半下班。

18. suji albani bogdu jəəki bəj bitʃin?
    你们 办公 地方 多少 人 有
    你们的工作单位有多少人？

19. gubdʒi jalan meŋgan nugun namaadʒi gərbətʃin bitʃin.
    全部   三   千   六   百   职工   有
    全部有三千六百名职工。

20. ʃiji nəkun gərbə baktʃa jə?
    你 弟弟   工作 找到了 吗
    你弟弟找到工作了吗？

21. tari tiaŋan gərbə baktʃa.
    他   去年   工作 找到
    他去年就找到工作了。

22. nəkunmi əmun aji gərbə baktʃa.
    弟弟   一份 好 工作 找到
    （我）弟弟找到了一份好工作。

23. oni aji gərbə baktʃa əm?
    什么好 工作 找到了 呀
    找到什么样的好工作了呀？

24. əmun udu gunsdu gərbə baktʃa.
    一   大   公司   工作   得到
    得到一份大公司的工作。

25. iləji udu guns?
    哪里   大   公司
    是哪里的大公司？

26. bəədʑini əmun udu guns ooran.
    北京的   一个   大   公司   成
    在北京的一个大公司。

27. ʃiji tari gunsʃi jokon oor guns oodan?
    你   那   公司   什么   做   公司   成
    你那是干什么的公司？

28. muji gunsmun bikin əmun denno oor guns oodan.
    我们的   公司   是   一个   电脑   制作   公司   成
    我们的公司是一个制作电脑的公司。

29. suji gunssun muji guruni denno guns gi?
    你们的   公司   我们   国家   电脑   公司   成
    你们的公司是我国的电脑公司吗？

30. untu, muji gurun doolaji guns untu.
    不是，我们   国家   里的   公司   不是
    不是，不是我们国内公司。

31. toobkin, joponi denno guns jə？
    那么，   日本   电脑 公司 吗
    那么，日本的电脑公司吗？

32. amerikji gərbitʃi denno guns oodan.
    美国的 有名的 电脑 公司 成
    是美国有名的电脑公司。

33. su naan əmun ʃiŋtʃi toron inig gərbətʃun jə？
    你们 也 一   周   五 天   工作 吗
    你们也每周工作五天吗？

34. ʥukdan, muji gons əmun ʃiŋtʃi toron inig gərbərən.
    对，   我们 公司 一   周   五   天   工作
    对，我们公司每周工作五天。

35. suji guns əmun inig adi ərin gərbərən？
    你们 公司 一   天 几 小时 工作
    你们公司一天工作几小时？

36. muji guns inig tula nugun ərin gərbərən.
    我们 公司 天 每   六   小时 工作
    我们公司每天工作六小时。

37. inig ʥulilə jəgin ərinduki ʥaan ʥuur ərin ʥabka gərbərən.
    日   前   九   时   十   二   时   直到   工作
    上午从九点工作到十二点。

38. inig amila əmun ərinduki digin ərin ʥabka gərbərən.
    日　后　一　时　四　时　直到　工作
    下午从一点工作到四点。

39. inig amila digin ərinduki əurkəm amraran.
    日　后　四　时　开始　休息
    下午从四点开始休息。

40. əmun bia jəəki tʃalin bakatʃun？
    一　月　多少　工资　得到
    一个月的工资多少？

41. muji bəj bəji tʃalinjin adali untu.
    我们　人　人的　工资　一样　不是
    我们每一个人的工资都不一样。

42. miji bia biaji tʃalin naan adali untu.
    我　月　月的　工资　也　一样　不是
    我每一个月的工资也都不一样。

43. toosokot，baraan bəji tʃalinjin gub əmun tumun uluku ooran.
    但是，　多　人　工资　都　一　万　多　成
    但是，绝大多数人的工资都在一万（元）以上。

44. miji tʃalin naan əmun biaduwi tumun ʥuur meŋgan ooran.
    我的　工资　也　一　月　万　两　千　成
    我每个月工资也达到一万两千（元）。

二 杜拉尔鄂温克语会话句 77

45. oni baraan mugun bakaʤine.
    多么 多 钱 得到
    你得那么多的钱呀。

46. tari ilə bogdu gərbəʤirən?
    他 哪 地方 工作
    他在什么地方工作？

47. məəni oosa gunsduwi gərbəʤirən.
    自己 开办的 公司 工作
    在自己开办的公司工作。

48. tariji gonsjin udu guns jə?
    他的 公司 大 公司 吗
    他的公司是大公司吗？。

49. əmun niʃukun guns ooran.
    一 小 公司 成
    是一个小公司。

50. nooni nəkunjin naan əri niʃukun gunsdu gərbəʤirən jə?
    他的 弟弟 也 这 小 公司 上班 吗
    他弟弟也在这小公司上班吗？

51. untu, nooni nəkunjin əmun tariʃin ooran.
    不是, 他 弟弟 一 农民 成
    不是，他弟弟是一位农民。

52. tari jokon tarigan tariran?
    他　什么　田　　种
    他种什么田？

53. baraani susam ookin imusu tariran.
    多　　玉米　　和　黄豆　种
    更多的时候种玉米和黄豆。

54. untu naan jokon tariran?
    其他　还　什么　种
    其他还种什么？

55. naan goolen ookin narimu ʤəəgtə tarimun.
    还　　高粱　　和　　细　　米　　种
    还种高粱和小米。

56. tari urirən naan am tatiran jə?
    那　家　　也　粮食　种　　吗
    那家也种粮食吗？

57. talur bikin solgektə tatiran
    他们　是　　菜　　种
    他们家是种菜。

58. muji gərbəʤir bog gub ani aji.
    我们　劳动　　地方　都　挺　好
    我们的劳动环境都挺不错。

59. ʃi ajikan gərbəkə.
    你　好好　劳动
    希望你好好劳动。

60. bi itukəd ajikan gərbəmi.
    我　一定　好　劳动
    我一定会努力劳动。

61. ajidʒi gərbəkiwi təlin aji ərgən bakaran.
    努力　劳动　　才　好　生活　获得
    努力劳动才能够获得幸福生活。

（六）时间与交通

1. ətʃi adi ərin ootʃa？
   现在几　点　了
   现在几点了？

2. ətʃi inig dʒuliləji jəgin ərin.
   现在　午　前　　九　点
   现在是上午九点。

3. ʃi inig amila adi ərindu əməne？
   你　午　后　几　点　过来
   你下午几点过来？

4. inig amila jalan ərin dolindu əməmi.
   午　后　三　点　半　过来
   （我）下午三点半过来。

5. oreko oni ərindu aatʃane ?
   晚上 几 点 睡觉
   （你）晚上几点睡觉？

6. oreko ʤaan ərindu aatʃami .
   晚上 十 点 睡觉
   （我）晚上十点睡觉。

7. ʃi ərdə oni ərindu juune ?
   你 早上 几 点 起床
   你早上几点起床？

8. ərdə tula nugun ərindu juumi .
   早上 每 六 点 起床
   （我）每天早上六点起床。

9. ʃiji aatʃanar juur ərin mani ʤukdan.
   你 睡觉 起床 时间 特别 合适
   你的睡觉和起床时间特别合适。

10. surə ilə gənətʃə?
    苏热 哪里 去了
    苏热去哪里了？

11. tari səl tərgəni bogdu gənətʃə.
    他 铁 车 地方 去了
    他去了火车站。

12. səl tərgəni bogdu jokonʤi gənətʃə?
    铁   车   地方   什么   去了
    坐什么车去的火车站？

13. turir tərgəndu təgəmənʤi gənətʃə.
    出租   车   乘坐   去的
    乘坐出租车去的。

14. mijiwu səl tərgəni bogdu iraaka.
    我   铁   车   地方   送到
    请把我送到火车站。

15. əri səl tərgən adi ərindu ulirən?
    这 铁 车   几   点   走
    这趟火车几点开？

16. ʤakun ərindu ulirən?
    八   点   走
    八点钟开。

17. səl tərgən hailarduki bəiʤiŋ ʤabka adi ərin ulirən?
    铁   车   海拉尔   北京   到   几 小时 走
    火车从海拉尔到北京走几个小时？

18. gotin uluku ərin ulirən.
    三十   多   小时 走
    要走三十多个小时。

19. ʃi okidu bəiʤiŋdu gənəne?
    我 何时　北京　　　去
    你什么时候去北京？

20. bi ər inig bəiʤiŋdu gənəʤimi.
    我 今 天　北京　　　去
    我今天就去北京。

21. ilga naan ər inig bəiʤiŋdu gənərən jə?
    伊丽嘎 也 今 天　北京　　　去　吗
    伊丽嘎也今天去北京吗？

22. noon bəiʤiŋdu ətʃin gənərə.
    她　北京　　　不 去
    她不去北京。

23. ilga timatʃin hailardu gənərən.
    伊丽嘎 明天 海拉尔　去
    伊丽嘎明天要去海拉尔。

24. noon məmə abaʤi əmundu hailardu gənərən.
    她　妈妈　爸爸和 一起　海拉尔　去
    她跟妈妈和爸爸一起去海拉尔。

25. hailardu gənəbkiwi oni tərgəndu təgərən?
    海拉尔　去的话　什么　车　　乘坐
    去海拉尔要坐什么车？

26. paas tərgəndu təgəbtʃi gənəm oodan.
　　巴士　车　　乘坐　　去　　可以
　　可以乘坐巴士去。

27. paas tərgəndu adi ərin ulirən?
　　巴士　车　　几　点　走
　　巴士几点走？

28. inig ʤuliləji ʤaan ərin ʤaan torondu ulirən.
　　午　前　　十　点　十　五　　走
　　上午十点一刻发车。

29. tooktʃi, ʤaan ʤuur ərindu hailardu etʃenaran.
　　然后，　十　二　点　　海拉尔　到达
　　然后，十二点到海拉尔。

30. hailardu ʤabiʤi gənəm ətʃin ətər jə?
　　海拉尔　船　　去　不　能　吗
　　不能乘船去海拉尔吗？

31. hailardu gənər ʤabi aatʃin.
　　海拉尔　去　船　没有
　　没有去海拉尔的船。

32. turir tərgənʤi gənəm ətərən jə?
　　出租　车　　去　能　吗
　　可以打出租车去吗？

33. turir tərgənʥi gənərkin mani kudatʃi。
    出租　车　去　　特别　贵
    打出租车去的话价格特别贵。

34. toobki bi paas tərgənʥi gənəke。
    那么　我　巴士　车　　去
    那么我乘坐巴士去吧。

35. surə ʥiʃiŋtʃə ogobtʃi uliʥirən.
    苏热　自行车　骑　　走
    苏热在骑自行车走。

36. ʥiʃiŋtʃə ogobtʃi ilə gənəʥirən？
    自行车　骑　哪里　去
    他骑自行车去哪里呀？

37. bi ətʃim saara.
    我　不　知道
    我不知道。

38. tari ʥiʃiŋtʃə ogobtʃi dijan itʃinəʥirən.
    他　自行车　骑　　电影　看去
    他骑自行车去看电影呢。

39. əduki dijani bog ʥabka oki ərin ulirən？
    这里　电影　地方　到　多少　时间　走
    从这里到电影院走多长时间？

40. ʥiʃiŋʧə ulibki orin minuut etʃer ulirən.
    自行车　骑　二十　分钟　到　走
    骑自行车走二十分钟左右。

41. dijani bogdu gənərdu iktu ulirən?
    电影 地方　去　怎么 走
    去电影院怎么走？

42. əri tərguli ʥəəŋgiʃigi ʃiibkən ulirən.
    这　路　　东　　直　走
    顺着这条路一直向东走。

43. ʥuuki walirin dənʥəndu eʃemanna solgeʃigi ərgirən.
    第二个　红　灯　　到　　左　拐
    走到第二个红绿灯后就往左拐。

44. solgeʃigi jalan namaaʥi togor ulirən.
    往左　三　百　米　走
    往左拐后再走三百米。

45. toobki dijani bogwa itʃim bakane.
    那就　电影 地方　看　到
    那就看到电影院了。

46. ʃiji tariʃi iri inigi dijan piu.
    你　那　哪天　电影　票
    你那个是哪天的电影票？

47. miji əri bikin əri inigi dijan piu.
    我 这 是 这 天 电影 票
    我这是今天的电影票？

48. nooni dijan piujin əri inigi dijan piu untu.
    她 电影 票 这 天 电影 票 不是
    她的电影票不是今天的电影票。

49. ʃiŋtʃi inigi inig amila jalan sag orin toron ərini dijan piu.
    星期 日 午 后 三 时 二十 五 时 电影 票
    星期天下午三点二十五分的电影票。

50. talur əri inig dulaardu əmərən gunən.
    他们 这 天 杜拉尔 来 说
    据他们讲今天要来杜拉尔。

51. ʃi dulaardu jokonʤi gənəne?
    你 杜拉尔 什么用 去
    你用什么去杜拉尔？

52. bi morin ogobtʃi dulaardu gənəmi.
    我 马 骑 杜拉尔 去
    我要骑马去杜拉尔。

53. tadu gənər tərgən aatʃin jə?
    那里 去 车坐 没有 吗
    没有去那个地方的车吗？

54. paas ookin turir tərgən bolgu bitʃin.
    巴士 和 出租 车 都 有
    巴士和出租车都有。

55. paas tərgən dulaar ʤabka adi ərin ulirən?
    巴士 车 杜拉尔 为止 几个 小时 走
    巴士到杜拉尔走几个小时?

56. dulaar ʤabka ʤuur sag uluku ulirən?
    杜拉尔 为止 两个 小时 多 走
    到杜拉尔走两个多小时?

57. əʃi dulaardu gənərdu morin tərgən naan bitʃin jə?
    现在 杜拉尔 去 马 车 还 有 吗
    现在去杜拉尔的还有马车吗?

58. morin tərgən bitʃin.
    马 车 有
    有马车。

59. morin tərgən əmun inig əmun ərin ulirən.
    马 车 一 天 一 次 走
    马车一天走一趟。

60. dulaar ʤabka morin tərgənʤi adi ərind ulirən?
    杜拉尔 到 马 车 用 几 小时 走
    到杜拉尔用马车走几个小时?

61. morin tərgəndʑi toron ərin ulirən.
    马   车用   五个 小时 走
    用马车要走五个小时。

62. untu ukur tərgən bitʃin jə?
    另外 牛   车   有   吗
    另外还有牛车吗？

63. ətʃi dulaardu gənər ukur tərgən aatʃin ootʃa.
    现在 杜拉尔   去   牛   车   没有   成
    现在去杜拉尔的牛车没有了。

64. bi əmər bia dulaardu gənəme.
    我 来   月   杜拉尔   去
    我下个月去杜拉尔。

65. ʃi dulaardu oni tərgəndʑi gənəne?
    你 杜拉尔   什么 车   去
    你用什么车去杜拉尔。

66. niʃukun tərgəndʑi gənəm gunəkən bodoʥimi.
     小   车   去   是   想
    我想用小车去。

67. awuji niʃukun tərgəndʑi dulaardu gənəne?
    谁的   小   车   杜拉尔   去
    用谁的小车去杜拉尔。

68. bi məəji niʃukun tərgənʤi gənəmi.
　　我　自己　　小　　车　　　去
　　我用自己的小车去。

69. awu ʃiji niʃukun tərgənbəʃi əlgərən?
　　谁　你的　小　　车　　　开
　　谁给你开小车？

70. bi məəkən niʃukun tərgənbi əlgəm gənəmi.
　　我　自己　　小　　　车　　开　　去
　　我自己开小车去。

71. noon tinug saaguʤin dulaarduki əmərgitʃə.
　　他　昨天　　前　　　杜拉尔　　回来了
　　他前天从杜拉尔回来了。

72. ʃi dulaardu adi inig bitʃəʃi?
　　你　杜拉尔　几　天　在
　　你在杜拉尔住了几天？

73. bi dulaardu nadan inig bitʃu.
　　我　杜拉尔　　七　　天　在
　　我在杜拉尔住了七天。

74. su dulaarduki əmərgiduwəl məəji niʃukun tərgənbi əlgətʃəsun jə?
　　你们　杜拉尔　　　回来　　　自己　　小　　　车　　　开的　　吗
　　你们从杜拉尔回来时自己开的车吗？

75. ʤukdan, bu məəji niʃukun tərgənbi əlgəm əmərgitʃəmun.
    对， 我们 自己   小   车   开   回来的
    对，我们是开自己的小车会来的。

76. talur timatʃin oni tərgənʤi əmərgirən?
    他们 明天   什么 车   回来
    他们用什么车回来？

77. paas tərgəndu təgəbtʃi əmərgirən gunən.
    巴士 车   乘坐   回来   说
    说是乘坐巴士回来。

78. toobki bi timatʃin talurwa paas tərgəni bogdu aktʃanakte.
    那么 我 明天   他们   巴士 车   站   接迎
    那我明天到巴士站去接迎他们。

（七）天气

1. ər inig bog iktu?
   今 天 天 怎样
   今天天气怎么样？

2. ər inig bog gaaltʃa.
   今 天 天 晴
   今天天晴了。

3. ər inig bikin gaaltʃa inig.
   今 天 是   晴 天
   今天是晴天。

4. timatʃin bog ərudərən.
   明天　　天　　坏
   明天要变天。

5. timatʃin inig tugsə juurən.
   明天　　天　　云　　起
   明天要起云。

6. timaniŋtʃin odon odonan gunən.
   后天　　　　雨　　下　　说
   说是后天要下雨。

7. timan timaniŋtʃin udu odon odonan.
   明天　后天　　　　大　雨　　下
   大后天要下暴雨。

8. ugiləji tugsə baraan oomal biʥiran.
   上面　　云　　多　　成　　在
   天上的云越来越多了。

9. ənətʃin oobki tugsətʃi inig ooran.
   这样　　也许　云　　　天　成
   这样有可能变成阴天。

10. tugsətʃi inig oobki səruun inig ooran.
    云　　　天　成　　凉快　天　成
    阴天就会变得凉快。

11. ʥug   ərindu tugsətʃi inig oobki aji.
    夏   季   云   天   成   好
    夏季阴天舒服。

12. ʥug   ərindu udu   odon   odonabki   əru.
    夏   季   大   雨   下   不好
    要是夏季下暴雨就不好。

13. tugsətʃi inig odon odonarjin baraan.
    云   天   雨   下   多
    云天下雨的时候多。

14. tugsətʃi inig baraanduwi ədin ədinən.
    云   天   多   风   刮
    云天刮风的时候也多。

15. ʥug   ərindu tugsə aatʃin inigu baraan.
    夏   季   云   没有   天   多
    夏季没有云彩的日子多。

16. ʥugduwi tugsə aatʃin inig mani ukugdi.
    夏天   云   没有   天   特别 热
    夏天没有云彩就会变得特别热。

17. əri inig mandi buktʃun ukugdi ootʃa.
    今 天   非常   闷   热   成
    今天变得非常闷热。

18. ʤuligidə bogi ʤog əli ukugdi gunən.
    南   方的 夏天 更   热   说
    据说南方的夏天更热。

19. ʤuligidə bogdu dagtan odon odonan.
    南   方   经常   雨   下
    南方经常下雨。

20. tadu tinug saaguʤin əmun udu odon odonatʃa gunən.
    那里 前   天   一   大   雨   下   说
    说是前天在那里下了一场大雨。

21. muji ədu naan udu odon odonatʃa.
    我们 这里 也   大   雨   下了
    我们这里也下了大雨。

22. ədu tinug arde piir paar arderatʃa.
    这里 昨天 雷   噼里 啪啦 打雷了
    昨天在这里噼里啪啦地打了雷。

23. udu odon odonardu naan mandi talenʧa.
    大   雨   下   还   非常 打闪
    下大雨时还打闪打得非常厉害。

24. əri ʤog odon baraanʧi ʤog bitʃə.
    这 夏天 雨   多   夏天 是
    这夏天是一个雨水多的夏季。

25. tulilə ədin ədidʑirən.
    外面　风　刮
    外面在刮风。

26. tulilə mani udu ədin ədimudʑirən.
    外面　特别　大的　风　　刮
    外面在刮特别大的风。

27. muji ədu bol ərin ootʃa.
    我们　这里　秋　季　到了
    我们这里已经入秋了。

28. bol ərin oobki dagtan ədin ədinən.
    秋　季　到了　经常　风　刮
    到了秋天会经常刮风。

29. ədin inig inigduki baraan oodʑiran.
    风　天　天比　多　成
    风天一天比一天多起来了。

30. inig inigduki səruun oodʑiran.
    天　天比　凉快　成
    天变得一天比一天凉快了。

31. mooji lartʃijin gub ʃirlatʃa.
    树　　叶　都　黄成
    树叶都发黄了。

32. ʃirlatʃa mooji lartʃijin gub ədindu ədimurən.
    黄成 树 叶 都 风 刮
    发黄的树叶都随风而去。

33. orookto naan gub ʃirlatʃa.
    草 也 都 黄成
    草也都发黄了。

34. dulaarji boljin mandi səruun.
    杜拉尔的 秋天 非常 凉快
    杜拉尔的秋天非常凉快。

35. əri bogdu bol oobki ədin mandi.
    这 地方 秋 到了 风 厉害
    这个地方到了秋天就风刮得很厉害。

36. inig tula suur suur ədinən.
    天 每 呼 呼 刮风
    每天都呼呼地刮风。

37. boli irgi oobki ədin əli udu ooran.
    秋 尾 成 风 更 大 成
    到了秋尾风变得更大。

38. aadaduwi naan jamanda jamanan.
    有时 还 雪 下
    有时还下雪。

39. inig inigduki inigdi ooʤiran.
    天　　天比　　　冷　成
    天变得一天比一天冷了。

40. timatʃin tug iirən.
    明天　　冬　进
    明天立冬。

41. dulaardu tug oobki mandi inigdi ooran.
    杜拉尔　冬天　成　非常　冷　是
    到了冬天杜拉尔会变得非常冷。

42. mani inigdi ərindu təgdiki ərgiʃi dəkidu ugiʃigi ooran.
    特别　冷　时　零　　下　四十摄氏度 以上　成
    特别冷的时候能达到零下四十摄氏度以上。

43. tulilə tugi inigdi ədin ədinʤirən.
    外面 冬天 寒冷 风 刮
    外面在刮冬天凛冽的寒风。

44. ənətʃin oobki naan jamanda jamanan ʤa.
    这样　也许　还　雪　　下　　吧
    也许还要下雪吧。

45. tinug muji ədu udu jamanda jamanatʃa.
    昨天 我们 这里 大　雪　　　下了
    昨天我们这里下了大雪。

46. əri adi inig gub jamandatʃi gunən.
    这 几 天 都 雪有 说
    据说这几天都有雪。

47. tug ərin ədin ədinəbki jamanda jamanan.
    冬季 风 刮 雪 下
    冬天一刮风就下雪。

48. tulilə əʃitələ ədinən əʃitələ jamanan.
    外面 一会 刮风 一会 下雪
    外面一会儿刮风一会儿下雪。

49. muji ədu əri ʃiŋtʃi inig tula jamanan.
    我们 这里 这 星期 天 每 下雪
    我们这里这个星期每天都下雪。

50. timatʃin ʃigun juum əmərən gunən.
    明天 太阳 出 来 说
    据说明天出太阳。

51. ʃigun juum əməbki aji inig ooran.
    太阳 出 来 好 天 成
    太阳出来就会变好天。

52. tulilə ədin ədinərwi uditʃa.
    外面 风 刮 停了
    外面刮的风停了下来。

53. jamanda naan jamanarwi uditʃa.
    雪   也   下   停了
    下的雪也停了。

54. tug ərin ədin aatʃin、jamanda aatʃin bikin mandi nandakan.
    冬 季 风 没、 雪 没有 是 非常 美丽
    冬天不刮风下雪的时候非常美丽。

55. tug ərini namugdi inig mandi aji.
    冬 季 暖和 天 非常 好
    冬天暖和的天非常舒服。

56. bog ʥalun gib giltirin jamanda.
    地 满 白 白的 雪
    到处都是白白的雪。

57. bi gib giltirin jamandawa mandi dorolami.
    我 白 白的 雪 非常 喜欢
    我非常喜欢白白的雪。

58. ətʃi inig əmun homdo namugdi ooʥirən.
    现在天 一 少 暖和 成
    现在天气稍微暖和一点了。

59. dulaardu inig inigduki namugdi ootʃa.
    杜拉尔 天 天比 暖和 成了
    杜拉尔的天一天比一天暖和了。

60. əri inig nəlki ootʃa.
    这 天 春天 成
    今天立春了。

61. jamanda gubʤi uuŋʤirən.
    雪 都 融化
    雪都在融化。

62. amʤi ookin biraji gəktitʃə muu gub uuŋʤirən.
    湖 和 河 冰冻的 水 都 融化
    冰冻的湖水和河水都在融化。

63. nəlki ooki mo lartʃilaran.
    春 到 树 叶长
    到了春天树就长出叶子。

64. orookto naan gub urguran.
    草 也 都 长
    草也都长出来。

65. nandakan nandakan ilga waltiraran.
    美丽 美丽 花 开
    盛开好多美丽的花朵。

66. nəlki ooki baraan nandakan ʃiibkan əmərən.
    春 到 许多 美丽 鸟 来
    到了春天就会飞来许多美丽的鸟。

67. nəlki inig mani namugdi.
　　春　　天　特别　暖和
　　春天的天气特别暖和。

68. əri nəlki mandi nandakan nəlki ootʃa.
　　这　春天　非常　美丽的　春天　成
　　今年的春天变得非常美丽。

69. dulaari nəlkijin əli nandakan.
　　杜拉尔　春天　更　美丽
　　杜拉尔的春天更加美丽。

70. bi nəlkiwə ajiwumi.
　　我　春天　喜欢
　　我喜欢春天。

71. bu gubdʒi dulaari nəlkiwə dorolamun.
　　我们　都　杜拉尔　春天　　喜欢
　　我们都喜欢杜拉尔的春天。

（八）打电话

1. wəi, ʃi ajiʃi jə?
　　喂　你　好　吗
　　喂，你好吗？

2. wəi, surə bitʃin jə?
　　喂　苏热　在　吗
　　喂，苏热在吗？

3. wəi, ətʃi surə aatʃin.
   喂　现在　苏热　不在
   喂，现在苏热不在。

4. ʃi awu?
   你　谁
   你是谁呀？

5. ʃi mandi jə?
   你　曼迪　吗
   你是曼迪吗？

6. ʃiji gərbiʃi mandi gunən jə?
   你的　名字　曼迪　叫　吗
   你的名字叫曼迪吗？

7. wəj, bi mandi untu
   喂，我　曼迪　不是
   喂，我不是曼迪。

8. miji gərbiwi sələ gunən.
   我的　名字　色勒　叫
   你的名字叫色勒。

9. ʃi mijidu ilgawa əərim buukə.
   你　我　伊丽嘎　叫　给
   请你给我叫一下伊丽嘎。

10. ʃi noondu oni baitaʃi？
 你 她 什么 事
 你叫她有什么事吗？

11. ilga ətʃi ʥuuduwi aatʃin.
 伊丽嘎 现在 家 不在
 伊丽嘎现在不在家。

12. noon tulilə juutʃə.
 她 外面 出去了
 她出去了。

13. noon ilə gənətʃə？
 她 去 哪里了
 她去哪里了？

14. wəj，ilga ilə gənətʃəwə bi naan ətʃim saara.
 喂，伊丽嘎 哪 去 我 也 不 知道
 喂，我也不知道伊丽嘎去哪儿了。

15. ilga okidu əmərgirən？
 伊丽嘎 何时 回来
 伊丽嘎什么时候回来？

16. bi naan ajiʥi ətʃim saara.
 我 也 十分 不 清楚
 我也不十分清楚。

17. sələ, ʃi ilgadu jokon baitatʃi?
    色勒，你 伊丽嘎 什么 事
    色勒，你跟伊丽嘎有什么事吗？

18. bi noondu əmun homdo baitatʃi.
    我 她 一 少 事有
    我跟她有一点事。

19. ʃi atʃkun alaatʃika.
    你 稍微 等
    请你稍等一会儿。

20. oodon, bi atʃkun alaatʃikte.
    好吧，我 稍微 等
    好吧，我稍等一会儿吧。

21. wej, ilga əmərgitʃə.
    喂，伊丽嘎 回来了
    喂，伊丽嘎回来了。

22. ilga, bəj ʃijidu denhua mondaʥiran.
    伊丽嘎 人 你给 电话 打 正在
    伊丽嘎有人给你打电话呢。

23. wej, ʃi ajikan jə?
    喂，你 好 吗
    喂，你好吗？

24. wej, ʃi awutare?
    喂，你 谁呀
    喂，你是谁呀？

25. wej, bi bikin sələ oomi.
    喂，我 是 色勒 成
    喂，我是色勒？

26. sələ ʃi jokon baitatʃi?
    色勒 你 什么 事有
    色勒你有什么事吗？

27. bi ʃijidu əmun aʃukun baitatʃi.
    我 你 一 少 事有
    我跟你有一点事。

28. toobki, ʃi baitawi ugtʃəlkə.
    那么，你 事 说
    那么，你就把事说吧。

29. ʃijidu timatʃin sulə bitʃin jə?
    你 明天 空闲 有 吗
    你明天有空吗？

30. timatʃin ʃiŋtʃi adi ooran?
    明天 星期 几 成
    明天是星期几？

31. ʃiŋtʃi nugun ooran.
    星期　六　成
    星期六。

32. ʃiŋtʃi nugundu oni baitatʃi?
    星期　六　什么　事有
    星期六有什么事吗?

33. bi ʃijibə ʥəəbtə ʥibkənkəte.
    我　你　饭　吃
    我请你吃饭。

34. timatʃin adi ərindu?
    明天　几　点
    明天几点?

35. inig dolini ərin oodan jə?
    日　中　时间　可以　吗
    中午的时间可以吗?

36. oodan, inig dolini adi ərindu?
    可以，日　中　几　点
    可以，中午几点?

37. timatʃin inig dolini ʥaan ʥuur sagdu.
    明天　日　中　十　二　点
    明天中午十二点。

38. ʥaan ʥuur sagdu bi ilə gənəmi?
    十   二   点 我 哪儿 去
    十二点我去哪里？

39. dulaar ʥəəbtə ʥibtər bogdu bakaldigare.
    杜拉尔 饭   吃   地方   见面吧
    在杜拉尔饭店见面吧。

40. oodan, bi saasu.
    好吧, 我 知道了
    好吧，我知道了。

41. ʃi miji denhua nuamirwa saande jə?
    你 我的 电话   号码   知道 吗
    你知道我的电话号码吗？

42. bi ʃiji denhua nuamirwə əʨim saara.
    我 你的 电话   号码   不   知道
    我不知道你的电话号码。

43. bi ʃijidu ʃilbam buukte, ʃi əʥim gaka.
    我 你的   告诉   给,   你 记   要
    我告诉你，请你记下来。

44. ootʃa, bi əʥim gatʃu.
    行了, 我 记   要
    行了，我记下来。

45. bi timatʃin daki ʃijidu denhua mondaʥaw.
    我 明天   再 你给   电话   打
    我明天再给你打电话。

46. daki denhua mondar baita aatʃin.
    再   电话   打   事   不要
    再不要打电话了。

47. bi saaʥimi, timatʃin bi dulaar ʥəəbtə ʥibtər bogdu alaatʃikte.
    我 知道了, 明天   我 杜拉尔 饭   吃   地方   等你
    我知道了,明天我在杜拉尔饭店等你。

48. toobki, timatʃin inig dolin bakaldigare.
    那么,   明天   日   中   见面吧
    那么,明天中午见。

49. bi ʃijidu mandi agdatʃu.
    我 你   非常   感谢
    我非常感谢你。

50. daki bakaldidawal!
     再   见
    再见!

（九）兴趣和爱好

1. ʃijidu oni ajiwun bitʃin？
   你   什么 爱好   有
   你有什么爱好？

2. mijidu oni ajiwun naan aatʃin.
   我　　什么　爱好　也　有
   我什么爱好也没有。

3. tadu əmun aʃkun ajiwun tʃi.
   他　　一　　些　　爱好　有
   他有一些爱好。

4. miji nəkundu əmun baraan ajiwun bitʃin.
   我　弟弟　　一　　大堆　爱好　有
   我弟弟有一大堆爱好。

5. surədu oni ajiwun bitʃin?
   苏热　什么　爱好　有
   苏热有什么爱好？

6. tari gurgulgənbə ajiwuran jə?
   他　运动　　　喜欢　　吗
   他喜欢运动吗？

7. surə gurgulgənbə mandi ajiwuran.
   苏热　运动　　　非常　喜欢
   苏热非常喜欢运动。

8. tari inig tula lantʃuul ugiirən.
   他　天　每　篮球　　打
   他每天都打篮球。

9. əmun inig oki sag lantʃuul ugiirən?
   一　　天　多少 时间　篮球　　打
   一天打几个小时的篮球？

10. ʥuur sag uluku lantʃuul ugiirən.
    俩　　小时　多　　篮球　　打
    打两个多小时的篮球。

11. ʃiji unaaʥi nəkun jokon ajiwuran?
    你　女的　　弟弟　什么　感兴趣
    我妹妹对什么感兴趣？

12. miji unaaʥi nəkun kugon dooldirwa ajiwuran.
    我　女的　　弟弟　音乐　　听　　　爱
    我妹妹爱听音乐。

13. tari niʃukunduki kugon dooldirwa mani ajiwuran.
    她　小时候　　　音乐　　听　　　特别　喜欢
    她从小特别喜欢听音乐。

14. tari dagtan əmundi kugon dooldiran.
    她　　经常　独自　　音乐　　听
    她经常独自听音乐。

15. unaaʥi nəkunmi əkilərwə naan ajiwuran.
    女的　　弟弟　　跳舞　　　也　　兴趣
    我妹妹对跳舞也感兴趣。

16. tari əkilənbə itʃir doroʃe.
    她   舞蹈   看 喜欢
    她喜欢看舞蹈。

17. tari əkiləm ətərən jə?
    她   跳舞   会   吗
    她会跳舞吗？

18. əwəŋki əkilənbə mandi nandakan əkilərən.
    鄂温克   舞蹈   非常   美丽   跳舞
    鄂温克舞跳得非常美。

19. tari dʒuuduwi dagtan əwəŋki əkilən əkilərən.
    她   家里   经常 鄂温克 舞蹈   跳舞
    她在家里经常跳鄂温克舞。

20. əkintʃi jokon dʒak ajiwuran?
    姐姐   什么 东西 感兴趣
    你姐姐对什么东西感兴趣？

21. əkinmi dʒaandan dʒaandarwa ajiwuran.
    姐姐   歌   唱   感兴趣
    我姐姐对唱歌感兴趣。

22. əkinmi mani nandakan dʒaandaran.
    姐姐 特别 漂亮   唱
    我姐姐歌唱得非常漂亮。

23. nooni naan ʃilug əərir ajiwun bitʃin.
    她　　还　诗歌　朗诵　喜欢　有
    她还喜欢朗诵诗歌。

24. noon ʃilug mani nandakan ʥoriran.
    她　诗歌　特别　美　　　写
    她诗歌写得特别美。

25. əkindutʃi untu ajiwun bitʃin jə?
    姐姐　　其他　爱好　有　吗
    你姐姐还有其他爱好吗？

26. əkinmi untu naan muudu əlbətʃirwə ajiwuran.
    姐姐　其他　还　水　　游泳　　感兴趣
    我姐姐还对水里游泳感兴趣。

27. miji akinmi naan muudu əlbətʃirwə ajiwuran.
    我　哥哥　也　水里　游泳　　喜欢
    我哥哥也喜欢游泳。

28. nooni dagtan dulaar biradu əlbətʃirən.
    他　经常　杜拉尔　河　游泳
    他经常在杜拉尔河里游泳。

29. naan morin ogorwa mandi ajiwuran.
    还　马　骑　　非常　喜欢
    他还非常喜欢骑马。

30. inig tula morin ogoran.
    天　每　马　骑
    他每天都骑马。

31. nəkunmi dijan itʃirwə ajiwuran gunən.
    弟弟　电影　看　喜欢　说
    我弟弟说喜欢看电影。

32. ʃi dijan itʃirwə ajiwune jə？
    你 电影 看　喜欢　吗
    你喜欢看电影吗？

33. bi naan dijan itʃirwə ajiwumi.
    我 也 电影　看　喜欢
    我也喜欢看电影。

34. ʃi oni dijan itʃirwə ajiwune？
    你 什么 电影 看　喜欢
    你喜欢看什么电影？

35. bi apuldir dijanba itʃirwə ajiwumi.
    我 战斗 电影　看　喜欢
    我喜欢看战斗影片。

36. ʃiji məməʃi dijan itʃirwə ajiwuran jə？
    你 母亲 电影 看　喜欢　吗
    你母亲喜欢看电影吗？

37. məməwi əmun ʃiŋtʃi əmun ərin dijan itʃirən.
    母亲　　一　星期　一　次　电影　看
    我母亲每个星期看一次电影。

38. ʃiji məməʃi untu jokon ajiwuran？
    你　母亲　其他　什么　爱好
    你母亲还有其他什么爱好？

39. ilga irgirwə mandi ajiwuran.
    花　　养　　非常　喜欢
    非常喜欢养花。

40. məməwi naan tərgəs uldirwə ajiwuran.
    母亲　　还　衣服　　缝　　喜欢
    我母亲还喜欢缝衣服。

41. ʃiji amintʃi ajiwur ʤak bitʃin jə？
    你　爸爸　感兴趣　东西　有　吗
    你爸爸有感兴趣的东西吗？

42. aminmi ajiwur ʤak baraan aatʃin.
    爸爸　感兴趣　东西　多　　没有
    我爸爸感兴趣的东西不多。

43. ʃiji amintʃi morin ogorwa ajiwuran jə？
    你　爸爸　马　　骑　　喜欢　吗
    你爸爸喜欢骑马吗？

44. noon dagtan morin ogoran.
    他　经常　马　骑
    他经常骑马。

45. toosokot，morin ogorwa tanatʃin ətʃin ajiwura.
    但是，　　马　骑　　那么　不　喜欢
    但是，不那么喜欢骑马。

46. miji aminmi niʃukun tərgən əlgərwə mani ajiwuran.
    我　爸爸　小　　车　　开　特别　喜欢
    我爸爸特别喜欢开小车。

47. noon dagtan niʃukun tərgən əlgərən.
    他　经常　小　　车　　开
    他经常开小车。

48. miji nautʃowi naan tərgən ilgər ajiwuŋtʃi.
    我的　舅舅　也　车　开　感兴趣
    我舅舅也对开车感兴趣。

49. naukta bikin ʥəəbtə ələərwə mandi ajiwuran.
    姨妈　是　饭　做　　非常　感兴趣
    姨妈对做饭非常感兴趣。

50. miji jəjəwi uligtʃirwə ajiwuran.
    我的　爷爷　散步　喜欢
    我爷爷喜欢散步。

51. jəjəwi inig tula uligtʃirən.
    爷爷 天 每 散步
    （我）爷爷每天都散步。

52. nooni naan niorgan niororə ajiwuŋtʃi.
    他 还 画 画 爱好
    他还有画画的爱好。

53. taitiwi naan ilga irgirwə ajiwuran.
    奶奶 也 花 养 喜欢
    奶奶也喜欢养花。

54. taitiwi dagtan uruguli bitig itʃirən.
    奶奶 经常 故事 书 看
    我奶奶还经常看小说。

55. noondu untu naan ajiwun bitʃin jə?
    他们 其他 还 爱好 有 吗
    他们还有其他爱好吗？

56. miji jəjə taitidu untu oni ajiwun naan aatʃin.
    我 爷爷 奶奶 其他 什么 爱好 也 没有
    我爷爷和奶奶其他什么爱好也没有。

（十）医院

1. suji təgədʒir ʥuuji dabkidu oktoʃini bog bitʃin jə?
   你们 住 家 附近 医生 地 有 吗
   你们住家附近有医院吗？

2. muji ədu əmun udu oktoʃini bog bitʃin.
   我们 这里 一 大 医生 地 有
   我们这里有一个大医院。

3. ʥulilə tari giltarin udu ʥuu bikin oktoʃini bog ooran.
   前面 那个 白 大 楼 是 医生 地 成
   前面那栋白大楼就是医院。

4. oktoʃini bogdu gənəbki iktu ulirən？
   医生 地 去 怎么 走
   去医院怎么走？

5. ʃi əri udu okto tob tondo ulikə.
   你 这 大 路 直 直的 走
   你顺着这条大道直直走。

6. tooman，walirin dənʥəndu etʃemanna baranʃigi ulikə.
   然后， 红 灯 到 西 走
   然后，走到红绿灯往西走。

7. daki əmun atʃkun ʥuliʃigi ulibkiwi etʃenane.
   再 一 少 往前 走的话 到达
   再往前走就会到了。

8. bi oktoʃini bogdu etʃem əmətʃu.
   我 医生 地 到 来了
   我到医院了。

9. əriʃi oktoʃini bog jə?
   这　医生　　地　吗
   这里是医院吗？

10. mətər, əri bikin oktoʃini bog.
    是的　这　是　　医生　地
    是的，这里是医院。

11. əri oktoʃini bogi udu urkujin ilə bitʃin?
    这　医生　　地　大　门　　哪里 有
    这医院的大门在哪里？

12. oktoʃini bogi barangidadu bitʃin.
    医生　　地　西边　　　　有
    在医院的西边。

13. əriʃi oktoʃini bogi udu urkujin jə?
    这是　医生　　地　大　门　　吗
    这里是医院的大门吗？

14. ʤukdan, ʃi ilə gənəne?
    　对　　你 哪里 去
    对，你去哪里？

15. ənuku itʃir nuamir iləki gadan?
    病　　看　号　　哪里　要
    到哪里挂看病的号？

16. əri bogduki ənuku itʃir nuamir gadan ?
    这　地方　　　病　看　号　　要
    在这个地方挂号。

17. ʃi ədu miirləkə.
    你　这　排队
    请你在这里排队。

18. tooman, əri tʃoŋkoli nuamir gaka.
    然后，　这　窗口　　号　　要
    然后，从这个窗口挂号。

19. bi əmun nuamir gakte.
    我　一　　号　　要
    我想挂个号。

20. bi əmun inig ʥulidəji nuamir gakte.
    我　一　　日　前　　　号　　要
    我要挂一个上午的号。

21. ʃi oni nuamir gane ?
    你　什么　号　　要
    你要挂什么号？

22. bi doola ənuku itʃir nuamir gami.
    我　内　　病　看　号　　要
    我要挂内科号。

23. bi gərbitʃi ənuku itʃir bəji nuamirwa gami.
    我 有名的 病 看 人 号 要
    我要挂专家号。

24. doola ənuku itʃir bog ilə bitʃin？
    内 病 看 地 哪里 在
    内科门诊在哪里？

25. tadu bitʃin.
    那里 在
    就在那里。

26. oktoʃin ajihan jə！
    医生 好 吗
    医生你好！

27. ajihan，ʃi ədu təgəkə.
    好， 你 这 坐
    好，请你坐这里。

28. ʃi nuamirwi ədu nəəkə.
    你 号 这 放
    请把你挂的号放这里。

29. ʃiji iləʃi ənunən？
    你 哪儿 痛
    你哪儿痛？

30. miji diliwi mani ənunən.
　　我　头　　特别　痛
　　我的头特别痛。

31. ʃi tiwənbiowə ooneduwi habtʃikanka.
　　你　体温表　　　腋　　　夹
　　请你把体温表夹在腋下。

32. ʃiji bəjʃi unuŋgir ukugdilədʒirən.
　　你的身体 确实　　发烧　正在
　　你身体确实在发烧。

33. ʃi ukugdilətən adi inig ootʃaʃi?
　　你　感冒　　几　天　成了
　　你感冒几天了？

34. dʒuur inig ootʃu.
　　两　　天　了
　　有两天了。

35. ʃi oni okto dʒibtʃəʃi?
　　你 什么 药　吃了
　　你吃过什么药？

36. bi oni okto naan ətʃu dʒibtə.
　　我 什么 药　也　 没 吃
　　我没吃任何药。

37. toobki, bi ʃijidu ukugdiwə tirir okto buukte.
    那么，我 你 发烧 压 药 开
    那我给你开治发烧的药吧。

38. ʥuuduwi gənubtʃi ujisə muu baraan imaka.
    家 回后 开水 多 喝
    请你回家以后要多喝开水。

39. naan ajikan amraka.
    还 好好 休息
    还要好好休息。

40. oktoʃin，bi ʃijidu mandi agdaʥimi.
    医生, 我 你 非常 感谢
    医生，我非常感谢你。

41. okto gadar bog ilə bitʃin?
    药 取 处 哪里 有
    取药处在哪里？

42. ʥuliʃigi tobdobkon ulibki bakande.
    前往 直直地 走 找到
    往前直直走就会找到。

43. əri okto gadar bog jə?
    这 药 取 处 吗
    这里是取药处吗？

44. ʃi tari tʃoŋkodu gənəm noorim oktoji mugunbi buukə.
    你 那 窗口 去 先 药 钱 给
    请你去那个窗口先交药钱。

45. bi oktoji mugunbi buutʃu.
    我 药 钱 给
    我交了药钱了。

46. ʃi oktoji danswi mijidu buukə.
    你 药 单 我 给
    你把药单子给我。

47. əri bikin gub ʃini imar okto ooran.
    这 是 都 你 喝的 药 成
    这些都是你要吃的药。

48. ənətʃin baraan okto jə?
    这么 多 药 吗
    这么多的药吗？

49. ʤukdan, əri bikin gub ʃini imar okto ooran.
    对, 这 是 都 你 喝的 药 成
    对，这都是你要吃的药。

50. mogoli oktowa əmun inig jalan ərin ʤibtən.
    丸 药 一 天 三 次 吃
    丸药一天吃三次。

51. oktowi ajikan təwəkə, daki bakaldidawal.
　　 药　　好好　　装　　　再　见
　　 请你把药拿好，再见！

（十一）购物

1. bi əri inig kortʃodu gənəm jəəmə gadami.
　 我 这 天　商场　　去　物　购
　 我今天去商场购物。

2. ʃi iləji kortʃodu gənəne?
　 你 哪　商场　　去
　 你去哪里的商场？

3. bi kotoni udu kortʃodu gənəmi.
　 我 市　　大　商场　　去
　 我去市里的大商场。

4. ʃi iri kortʃodu gənəm gunədʑinde?
　 你 哪个 商场　　去　　想
　 你想去哪个商场？

5. bi hailari baihu kortʃodu gənəmi.
　 我 海拉尔 百货 商场　　去
　 我要去海拉尔百货商场。

6. əri inigʃi ʃiɲtʃi inig.
　 这　天　星期　天
　 今天是星期天。

7. kortʃo doola baraan bəj bitʃin.
   商场　里面　多　　人　有
   商场里有很多人。

8. ʃi jokon gadane？
   你　什么　买
   你要买什么？

9. bi ʤibtər ʤak gadami.
   我　吃的　东西　买
   我要买吃的东西。

10. noon naan ʤibtər ʤak gadan jə？
    她　也　吃的　东西　买　吗
    她也要买吃的东西吗？

11. untu, miji unaaʤi nəkunmi ʤogi tətir tərgəs gadan gunən.
    不是，我的　女的　弟弟　夏天　穿　衣服　买　想
    不是，我妹妹要买夏天穿的衣服。

12. tari əri ʤogi tərgəswə mani dorolatʃa, toobtʃi gatʃa .
    她　这　夏　装　　特别　喜欢，　所以　买了
    她特别喜欢这件夏装，所以就买下来了。

13. nəkun jokon naan ətʃin gada.
    弟弟　什么　也　不　买
    弟弟什么也不买。

14. tadu mənərətən bitʃin.
    那里　呆呆　　在
    呆呆地站在那里。

15. jəəmə uniir bəj！ʃi aji jə！
    东西　卖　人　　你好　吗
    售货员！你好吗！

16. ʃi mijidu tari tərgəswə gam buukə.
    你　我　　那　衣服　　拿　给
    请你给我拿那件衣服。

17. əri tərgəs mandi nandakan.
    这　衣服　　非常　　好看
    这衣服非常好看。

18. ər tərgəs jəəki dʒiga？
    这　衣服　多少　价格
    这件上衣多少钱？

19. dʒakun namaadʒi ooran.
    八　　　百　　　　是
    八百元。

20. məməduwi əri tərgəswə uniim gam buutʃu.
    妈妈　　　这　衣服　　　买　　要　给了
    我给妈妈买了这件衣服。

21. məməwi tʃilan tərgəs walirin tərgəsduki nandakan gunən.
    妈妈　蓝色　衣服　红色　衣服　比　好看　说
    妈妈说蓝衣服比红衣服好看。

22. bi tari tʃilan tərgəswə gami.
    我 那个 蓝色　衣服　买
    我买那件蓝颜色的衣服。

23. tari ʃaɲirin tərgəs oodan jə？
    那　黄色　衣服　可以　吗
    那件黄颜色衣服可以吗？

24. tanagan nandakan untu.
    那么　　漂亮　　不是
    不是那么漂亮。

25. məməwi naan əmun dəjibkun girdasun gatʃa.
    妈妈　　还　一　柔软的　毛毯　买了
    妈妈还买了一个柔软的毛毯子。

26. bi tari misun tərgəswə gam gum bodoʥimi.
    我 那件 紫色　衣服　买 要 想
    我想买那件紫颜色的衣服。

27. ʃi tanatʃin tərgəswə əʥi gada.
    你 那样　衣服　　别　买
    你别买那样的衣服。

28. toobkin, bi konnorin tərgəswə gami.
    那么， 我 黑色的 衣服 买
    那我买黑色的衣服吧。

29. ʃi tari konnorin tərgəswə mandi bodoʥine jə?
    你 那 黑色 衣服 非常 喜欢 吗
    你非常喜欢那件黑颜色的衣服吗？

30. miji itʃirdu tari tərgəs naan nandakan untu.
    我 看 那 衣服 也 漂亮 不是
    依我看那件衣服也不漂亮。

31. naan mani kudatʃi, əʥi gada.
    还 特别 贵 别 买了
    还特别贵，不用买了。

32. tari doolo təti oodan jə?
    那 内 衣 可以 吗
    那件内衣好看吗？

33. əri doolo tətiji kudajin kimda.
    这 内 衣 价格 便宜
    这件内衣的价格便宜。

34. bi əri doolo tətiwə gami.
    我 这 内 衣 买
    我买这件内衣。

35. bu tanagan baraan tərgəs gadar baita aatʃin.
    我们 那样   多   衣服 买 事 无
    我们没有必要买那么多的衣服。

36. miji məməwi kortʃoduki naan əkun ookin omotto gatʃa.
    我 妈妈   商场   还 牛奶 和 鸡蛋 买了
    我妈妈从商场还买了牛奶和鸡蛋。

37. untu naan əri tari ʥak gatʃa.
    另外 也 这 那 东西 买了
    另外也买了这个那个东西。

38. ʃi jokon gatʃaʃi?
    我 什么 买了
    我买什么了?

39. bi kantas ookin ərki gatʃu.
    我 上衣   和 裤子 买了
    我买了上衣和裤子。

40. bi əri tərgəswə tətirdu oodon jə?
    我 这 衣服   穿   合适 吗
    我穿这身衣服合身吗?

41. ʃijidu mani ʥukdan.
     你   特别 合适
    你穿特别合适。

42. əri əmun toor tərgəs oki ʤiga?
    这 一 套 衣服 多少 钱
    这一套衣服多少钱？

43. əmun meŋgan ʤuur namaaʤi dajen.
    一 千 二 百 钱
    一千二百元。

44. əri ərki untu ʤusji bitʃin jə?
    这 裤子 其他 颜色 有 吗
    这条裤子还有其他颜色的吗？

45. aatʃin, əmunlə konnorin ʤusji bitʃin.
    没有 只 黑 色 有
    没有，只有黑颜色的。

46. bi əmun nanda wantə gadam gunəkən bodoʤimi.
    我 一 皮 鞋 买 是 想
    我想买一双皮鞋。

47. bi əmun walirin ʤustʃi nanda wantə gadami.
    我 一 红 色 皮 鞋 买
    我买一双红颜色皮鞋。

48. muji kortʃodu əmunlə konnorin ʤustʃi bitʃin.
    我们 商场里 只有 黑 色 有
    我们商场里只有黑颜色的。

49. əri wantəwə honini nandadʑi ootʃa.
    这   鞋   羊的   皮   做的
    这双鞋是用羊皮做成的。

50. kimdatʃila wantə bitʃin jə ?
    便宜略   鞋 有 吗
    有稍微便宜点的鞋子吗？

51. tari ʃaɲirin wantə walirin wantəduki kimdatʃila.
    那 黄色 鞋子 红色 鞋子比 便宜略
    那个黄颜色的皮鞋子比红研色的皮子略便宜一点。

52. əri kortʃodu naala bio bitʃin jə?
    这 商场 手 表 有 吗
    这商场里有手表吗？

53. abawi irkin naala bio gatʃa.
    爸爸 新   手 表 买了
    我爸爸买了新手表。

54. abawi naan əmun udu suku gatʃa.
    爸爸 还 一 大 斧子 买
    爸爸还买了一把大斧子。

55. dʑak gadar anar tərgən ilə bitʃin ?
    东西 买   推 车   哪里 有
    哪有购物用的小推车？

56. kortʃoji iir urkudu bitʃin.
    商场的 入 口 有
    就在商场的入口处。

57. ʤak uniir bəj, ʤiga buur bog ilə bitʃin？
    售 货员 钱 给 地方 哪里 有
    售货员，收款台在哪里？

58. ʤiga buuki ədu miirlərən.
    钱 付 这里 排队
    付钱要在这里排队。

59. əri ʤaksul jəəki ʤiga？
    这 东西 多少 钱
    这些东西多少钱？

60. bolguʤi ʤuur meŋgan ʤakun namaaʤi dajen.
    一共 二 千 八 百 元
    一共是二千八百元。

61. əri jəəməwə əmundu təwəm buukə.
    这 货物 一起 装 给
    请给我装好这些货物。

62. əri kortʃo oki ərindu urkuwi najiran？
    这 商场 几 点 门 开
    这个商场几点开门？

63. jəgin ərindu urkuwi najiran.
　　九　　时　　门　　开
　　九点钟开门。

64. oki ərindu urkuwi tirirən?
　　何　时　　门　　关
　　几点钟关门?

65. əri kortʃo orekoji ʥaan ərindu urku tirirən.
　　这　商场　晚上的　十　点钟　门　关
　　这个商场晚上十点钟关门。

66. ooŋ, bi saasu, bi ətʃi ulimi.
　　好，我知道了，我 现在 走了
　　好吧，我知道了，我现在要走了。

67. amitʃigi daki əmədəji.
　　以后　　再　　来
　　欢迎你以后再来。

（十二）机场

1. bi bəiʥiŋi pəitəni bogdu gənəm gum bodoʥimi.
　　我 北京 飞机 场 去 是 想
　　我想去北京机场。

2. əduki pəitəni bogdu gənər tərgən bitʃin jə?
　　这　飞机　场　去　车　有　吗
　　从这里到机场的车有吗?

3. pəitəni bɔgdu gənəbki paas tərgəndu təgəkə.
　　飞机　场　去　巴士　车　坐
　　去机场请你坐机场巴士。

4. əri paas tərgən pəitəni bɔgdu gənərən jə?
　　这　巴士　车　飞机　场　去　吗
　　这辆巴士去机场吗？

5. tanagan, pəitəni bɔgdu gənərən.
　　对，　　飞机　场　去
　　对，去机场。

6. bi pəitəni bɔgdu gənəmi.
　　我　飞机　场　去
　　我要去机场。

7. toobkin, əri paas tərgəndu təgəkə.
　　那么，　这　巴士　车　坐
　　那么，请你乘坐这巴士。

8. əri bikin bəidʑiŋ pəitəni bɔg.
　　这　是　北京　飞机　场
　　这里是北京机场。

9. pəitəni bɔg doola bəj mandi baraan.
　　飞机　场　里面　人　很　多
　　机场里人很多。

10. pəitəni bogi baita aŋur bog ilə bitʃin?
　　飞机　场的　事　问　处　哪里　在
　　机场问询处在哪里？

11. udu ʤuuji iir urkuji dagdu bitʃin.
　　大　堂　入　口　旁边　在
　　在大堂入口处的旁边。

12. əduʃi baita aŋur bog jə?
　　这　　事　问　处　吗
　　这里是问询处吗？

13. mətər, ələ bikin baita aŋur bog.
　　是的，这里是　事　问　处
　　是的，这里是问询处。

14. ʃi oni baitaʃi?
　　你 什么 事情
　　你有什么事吗？

15. bi pəitəni pio gadami.
　　我　飞机　票　买
　　我要买机票。

16. ʃi ilə gənəne?
　　你 哪　去
　　你要去哪里？

17. bi dulaardu gənəmi.
    我　杜拉尔　　去
    我去杜拉尔。

18. dulaardu gənər pəitən aatʃin.
    杜拉尔　　去　　飞机　没有
    没有去杜拉尔的飞机。

19. hailardu gənər pəitən bitʃin jə?
    海拉尔　　去　　飞机　有　吗
    有去海拉尔的飞机吗?

20. bitʃin.
    有
    有。

21. toobkin，bi hailardu gənəmi.
    那么，　我　海拉尔　　去
    那么，我去杜拉尔。

22. hailardu gənər pio C tʃuŋkodu unirən.
    海拉尔　　去　票　C　窗口　　买
    去海拉尔的机票在 C 窗口买。

23. C tʃuŋko ilə bitʃin ?
    C　窗口　哪　在
    C 口在哪里?

24. D tʃuŋkoji barangidadu bitʃin.
    D 窗口的　　右边　　　在
    在 D 窗口的右侧。

25. ʃi pəitəni pio gadane jə？
    你 飞机　票　买　吗
    你要买机票吗？

26. ʤukdan, bi əmun hailardu gənər pio gami.
    是的，　我　一　海拉尔　去　票　买
    是的，我要买一张去海拉尔的机票。

27. ʃi ʃənpənʤəŋwi mijidu buukə.
    你　身份证　　　我　给
    请把你的身份证给我。

28. ʃiji ulikənər ʤak bitʃin jə？
    你　托运　东西　有　吗
    你有托运的东西吗？

29. mijidu ulikənər ʤak aatʃin.
    我　托运　东西　没有
    我没有托运的东西。

30. pəitəndu gotin guŋʤindiki uluku ʤak əlbutəm ətʃin ooda.
    飞机　　三十　公斤　　以上　行李　携带　不　可以
    飞机上不能携带三十公斤以上行李。

31. bi saasu.
    我 知道了
    我知道了。

32. əri ʃiji pəitəni pio oodan.
    这 你的 飞机 票 成
    这是你的机票。

33. anʤen baitʃar bog ilə bitʃin?
    安检 检查 处 哪里 在
    安检处在哪里?

34. anʤen baitʃar bogdu tadu bitʃin.
    安检 检查 处 那里 在
    安检处在那里。

35. əduʃi anʤen baitʃar bog jə?
    这里 安检 检查 处 吗
    这里是安检处吗?

36. anʤen baitʃabki ədu miirləkə.
    安检 检查 这里 排队
    要安检的话在这里排队。

37. ʃiji baita aatʃin, dooʃiki ulikə.
    你 事 无, 往里 走
    你没事了,往里走吧。

38. ʃi ʥakwi ajikan ʥawaka.
    你 行李 好好 拿
    请你把行李拿好。

39. hailarji pəitəndu təgər bog ilə bitʃin？
    海拉尔 飞机 乘坐 处 哪里 在
    去海拉尔的飞机登机口在哪里？

40. ʃi A urkuli juune.
    你 A 口 登机
    请你从A口登机。

41. bi oni ərindu pəitəndu juume？
    我 什么 时候 飞机 登机
    我什么时候登机？

42. ʃi dolin sag amila pəitəndu juune.
    你 半 小时 后 飞机 登机
    你将在半个小时以后登机。

43. hailardu gənər pəitəndu juur ərin ootʃa.
    海拉尔 去 飞机 登机 时间 到了
    去海拉尔的飞机登机时间到了。

44. bi pəitəndu juutʃu.
    我 飞机 登机了
    我已经登机了。

45. miji təgər bogwi ʥaan ʥakun miiri A təgəŋkə oodan.
    我 座 位 十 八 排 A 座 成
    我的座位是十八排A座。

46. ʃi məəji təgər bogdu ajikan təgəkə.
    你 自己 座 位 好好 坐
    请你在自己座位上坐好。

47. ʃi antʃiandaiji ajikan ujikə.
    你 安全带 好好 系
    请你系好安全带。

48. hailardu gənər pəitən əktələ dəglirən.
    海拉尔 去 飞机 马上 起飞
    去海拉尔的飞机马上起飞。

49. pəitən əjələtʃə.
    飞机 起飞了
    飞机起飞了。

50. pəitən doola denhua mondam ətʃin oodo.
    飞机 里 电话 打 不 可以
    飞机上不能打电话。

51. bi ʥuur sag amila hailardu eʃemi.
    我 两 小时 以后 海拉尔 到
    我两个小时以后就到海拉尔。

52. pəitən bəidʒinduki dəglitʃə.
　　飞机　　北京　　　起飞
　　飞机从北京起飞了。

53. bəidʒin daki bahaldidawal.
　　北京　　再　　见
　　北京再见。

54. pəitən hailardu etʃem əmətʃə.
　　飞机　海拉尔　到　来了
　　飞机到了海拉尔。

55. hailari awur unəngi aji.
　　海拉尔　空气　真　好
　　海拉尔的空气真好。

56. hailardu əməbtʃi doola amratʃa.
　　海拉尔　　来　　　心里　踏实了
　　来到海拉尔心里就踏实了。

（十三）宾馆

1. suji ədu aatʃanar bog bitʃin jə?
　　你们 这里 睡觉　 地方　有　吗
　　你们这里有宾馆吗？

2. muji ədu aatʃanar bog baraan bitʃin.
　　我们 这里 睡觉　 地方　多　　有
　　我们这里有很多宾馆。

3. udutʃilə aatʃanar bog bitʃin jə ?
   大略　　睡觉　地方　有　吗
   有大一些的宾馆吗？

4. udu aatʃanar bog naan bitʃin.
   大　睡觉　地方　还　有
   还有大宾馆。

5. dulaardu aatʃanar bog bitʃin jə ?
   杜拉尔　　睡觉　地方　有　吗
   杜拉尔有宾馆吗？

6. tadu əmun niʃukun aatʃanar bog bitʃin.
   那里　一　　小　　睡觉　地方　有
   那里有一个小宾馆。

7. əri aatʃanar bog jə ?
   这　睡觉　地方　吗
   这里是宾馆吗？

8. dʒukdan , əri aatʃanar bog.
   对　　　这　睡觉　地方
   对，这里是宾馆。

9. ʃi ədu aatʃanane jə ?
   你　这　睡　　吗
   你要住这里吗？

10. əmunkəjə aatʃanar ʤuu bitʃin jə?
    一人　　睡的　房间　有　吗
    有单人间吗？

11. əmunkəjə təgər ʤuu　bitʃin.
    一人　　住的　房间　有
    有一个人住的房间。

12. muji ədu baraanjin əmunkəjə təgər ʤuu.
    我们 这里 多数　　一人　　住　房间
    我们这里多数是单人间。

13. naan ʤuur bəj aatʃanar ʤuu bitʃin.
    还　　俩　 人　 睡的　　房间　有
    还有双人间。

14. bi əmun əmunkəjə aatʃanar ʤuu gami.
    我 一　 一人　　睡的　　房间　要
    我要一个单人间。

15. ʤuu doola bəji ʃilkir jəəmə bitʃin jə?
    房间　里　 身子 洗　 东西　有　 吗
    房间里有洗澡的东西吗？

16. bəji ʃilkir jəəmə bitʃin.
    身子 洗　 东西 有
    有洗澡的东西。

17. ʥuu doola ukugdi muu bitʃin jə？
    房间 里 热水   有 吗
    房间里有热水吗？

18. ʥuu doola orin digin ərin ukugdi muu bitʃin.
    房间 里 二十 四 小时 热 水 有
    房间里二十四小时供应热水。

19. untu, naan denʃiʥi ookin denbinʃaŋ bitʃin.
    另外 还 电视机 和 电冰箱 有
    另外，还有电视机和电冰箱。

20. tərgəs ʃilkim buurən jə？
    衣服 洗 给 吗
    有洗衣服务吗？

21. bitʃin, muji ədu tərgəs ʃilkir kudajin oodan.
    有 我们 这里 衣服 洗 价格 合理
    有，我们这里洗衣的价格合理。

22. gori denhua mondam ətərən jə？
    远的 电话 打 能 吗
    能打长途电话吗？

23. əmuki ʥidajtʃudu gənəm ʥigawi buubki gori denhua mondar oodan.
    一层 接待处 去 押金 交后 远的 电话 打 可以
    到一楼接待处交完押金后就可以打长途电话。

24. ədu niʃukun hortʃo bitʃin jə?
    这里 小 商店 有 吗
    宾馆里有小卖部吗？

25. bitʃin，əmun niʃukun hortʃo bitʃin.
    有， 一 小 商店 有
    有，有一个小卖部。

26. əri adi oʃiktotʃi aatʃanar bog?
    这 几 星 睡觉 地方
    这是几星级宾馆？

27. əri jalan oʃiktotʃi aatʃanar bog oodan.
    这 三 星 睡觉 地方 成
    这是三星级宾馆。

28. əmun inig aatʃanardu jəəki mubun?
    一 天 住 多少 元
    住一天多少钱？

29. əmun inig jalan namaadʑi dajen?
    一 天 三 百 元
    住一天三百元。

30. ʃi adi inig təgəne?
    你 几 天 住
    你住几天？

31. bi nadan inig təgəme.
    我 七   天   住
    我要住七天。

32. ʃiji təgər ʥuu digiki dabkurdu oodan jə?
    你 住 房间 四 层 行 吗
    你住的房间在四层可以吗?

33. bi toroki dabkurdiki ərgiʃigi ʥuudu ətʃim təgərə.
    我 五 层 往下 房间 不 住
    我不想住五层以下的房间。

34. toobki, ʥakuki dabkurdu oodan jə?
    那么, 八 层 可以 吗
    那么,八层可以吗?

35. oodan, ʥakuki dabkurdu oodan.
    行 八 层 可以
    行,八层的话可以。

36. ʃiji təgər ʥuu ʥakuki dabkuri 808 nuamir oodan.
    你 住 房间 八 层 808 号 是
    你住的房间是808号。

37. əri ʃiji ʥuuji urkuji kaa oodan.
    这 你的 房间 门 卡 是
    这是你房间的门卡。

38. əri aatʃanar bogi ʥəəbtə ʥibtər bog adi dabkurdu bitʃin?
    这　睡觉　地方的　饭　吃　地方　几　层　有
    这个宾馆用餐的地方在几层？

39. əmuki ʥuuki dabkurdu bolgo ʥəəbtə ʥibtər bog bitʃin.
    第一　第二　层　用　都　饭　吃　地方　有
    一层和二层都有餐厅。

40. suji ədu denti bitʃin jə?
    你们　这里　电梯　有　吗
    你们这里有电梯吗？

41. muji ədu orin digin ərin gub denti bitʃin.
    我们　这里　二十　四　小时　都　电梯　有
    我们这里二十四小时都有电梯。

42. ʥakwa ʥawam ajiʃilar bəj bitʃin jə?
    行李　拿　帮忙　人　有　吗
    有人帮忙拿行李吗？

43. uiləʃin ajiʃilam ʥakwaʃi ʥawam buurən.
    服务员　帮助　行李　拿　给
    服务员帮你拿行李。

44. ʃi miji ʥakwa miji təgər ʥuudu iraaka.
    你　我的　行李　我的　住的　房间　送
    请把我的行李送到我住的房间。

45. ʃi timatʃin temər nugun ərindu mijiwu sərukə.
    你 明天   早晨   六   点   我   叫醒
    请你明早六点叫醒给我。

46. bi ʥuuwəʃi arubkam buukte .
    我   房间   打扫   给
    请给你打扫房间。

47. ʃiji orji danswaʃi haalam buukte.
    你 床的   单   换   给
    给你换床单。

48. oteko adi ərindu ʥuuwi mutʃukanan？
    晚上 几 点   房间   退
    晚上几点退房？

49. otekoji ʥakun sagdiki noogu ʥuuwi mutʃukanan.
    晚上   八   点   前   房间   退
    晚上八点前退房。

50. bi ʥuuwi mutʃukanami, jəəki mugun？
    我 房间   退,   多少 钱
    我要退房，多少钱？

51. bolguʥi ʥuur meŋgan əmun namaaʥi dajen.
    共   二   千   一   百   元
    共二千一百元。

52. ʃi mijidu əmun pio buukə.
    你 我   一 票子 给
    请你给我开一张发票。

53. suji əri aatʃanar bog mandi arubkun.
    你们这 睡觉   地方 非常 干净
    你们这个宾馆非常干净。

54. ʃi amitʃigi daki əmədəje.
    你 以后   再 来
    希望你以后再来。

55. sujidu mandi agdadʑimi.
    你们 非常   感谢
    非常感谢你们。

（十四）旅游

1. ʃi tulitʃiki təkəərəm ulir ajiwun bitʃine jə？
   你 外面   旅游   走 爱好 有   吗
   你有去外面旅游的爱好吗？

2. bi təkəərəm ulirwə mandi ajiwumi.
   我 旅   游   非常 喜欢
   我非常喜欢旅游。

3. muji dʑuuji bəj bolgo təkəərəm ulirwə mandi ajiwutan.
   我们 家 人 都   旅   游   非常 喜欢
   我们家里人都非常喜欢旅游。

二 杜拉尔鄂温克语会话句

4. bi niʃukunduki ənin aminʥi əmundu təkəərəm ulitʃu.
   我 从小时候 母亲 父亲 一起 旅 游
   我从小就和父母一起旅游。

5. bu diargun gərbitʃi bogwa itʃitʃəmun.
   我们 很多 有名的 地方 看过
   我们去看过很多名胜古迹。

6. bu təkəərəm ulirduwəl diargun ərdəm tatitʃamun.
   我们 旅 游 很多 知识 学到
   我们通过旅游学到很多知识。

7. su tʃaŋtʃəŋdu gənətʃəsun jə？
   你们 长城 去过 吗
   你们去过长城吗？

8. bu gənətʃəmun.
   我们 去过
   我们去过。

9. su adi ərin gənətʃəsun？
   你们 几 次 去过
   你们去过几次？

10. bu ʥuur ərin gənəmun.
    我们 两 次 去过
    我们去过两次。

11. əmuki ərin gənərdu nəlki bitʃə.
    第一　　次　去时　春天　是
    第一次去的时候是春天。

12. tari ərindu tʃaŋtʃəŋi urjin nub nuwan bitʃə.
    那　时　长城的　山　绿绿的　成
    那时长城的山脉是深绿色的。

13. ʥuuki ərin gənərdu bolji ərin bitʃə.
    第二　次　去时　秋　季　是
    第二次去是秋天。

14. tari ərindu tʃaŋtʃəŋi urjin wab walirin bitʃə.
    那　时　长城的　山　红　红的　成
    那时长城的山脉是一片红。

15. tʃaŋtʃəŋi urjin gub walirin lartʃidu əbkəwubtʃi bitʃə, oni nandakan.
    长城的　山　都　红　叶　拥抱　在，多　美
    长城的山脉完全被红叶拥抱，真的太美了。

16. ʃi naan tʃaŋtʃəŋdu gənətʃə jə？
    你　也　长城　去过　吗
    你也去过长城吗？

17. bi tʃaŋtʃəŋdu ətʃu gənərə.
    我　长城　没　去过
    我没去过长城。

18. toobki, ʃi ilə bogdu təkəərəm ulitʃəʃi?
    那么， 你 哪 地 旅   游了
    那么，你去什么地方旅游了呀？

19. bi amigida hudə bogdu təkəərəm ulitʃə bitʃu.
    我 北方 草原 地方 旅   游 是
    我是去北方的草原地带旅游过。

20. amigida hudə bog nandakan jə?
    北方   草原 地方 美丽   吗
    北方的草原地带美丽吗？

21. əmun adil mani nandakan.
    一   样 特别 美丽
    同样特别美丽。

22. su untu oni bogdu gənətʃəsun?
    你们 其他 什么 地方 去过
    你们其他还去过什么地方？

23. bu naan diargun kotondu gənətʃəmun.
    我们 还 很多   城市   去过
    我们还去过很多城市。

24. bu hajnandu naan gənətʃəmun.
    我们 海南   还   去过
    我们还去过海南。

25. hajnani daleji kətʃijin mandi gojo.
    海南　　海　　岸　　非常　漂亮
    海南的海岸非常漂亮。

26. hajnani daleji muujin mani arubkun.
    海南　　海　　水　　特别　干净
    海南的海水特别干净。

27. muji gurundu təkəərəm ulir bog baraan bitʃin.
    我　　国　　　旅　游　地方　很　多
    我国旅游的地方有很多。

28. noon bikin təkəərəm ulijir bəj jə?
    他　是　　旅　　游　人　吗
    他是旅游者吗?

29. ʤukdan, noon bikin əmun təkəərəm ulirwə ajiwur bəj.
    是的，　他　是　一　　旅　　游　爱　好　者
    是的，他是一名旅游爱好者。

30. noon əmun əri bogwa təkəərəm itʃir pio gam gunən.
    他　一　这　地方　　旅游　观光　票　买　想
    他想买一张到此地旅游观光的票。

31. təkəərəm itʃir urkuji piojin oki mugun?
    旅游　　观光　门　票　多少　钱
    旅游门票多少钱?

32. əmun bəj ʤaan ʤakun dajen.
    每　人　十　八　元
    每人十八元。

33. doolajin təkəərəm ulir paas bitʃin jə？
    里面　　旅　　游　巴士　有　吗
    里面有旅游巴士吗？

34. təkəərəm ulir paas bitʃin.
    旅　　游　巴士　有
    有旅游巴士。

35. təkəərəm ulir bəj bolgoʤi paasdu təgərən.
    旅　　游　者　都　　　巴士　乘坐
    游客者都要乘坐巴士。

36. oktoʃin bitʃin jə？
    导游　　有　吗
    有导游吗？

37. bitʃin.
    有
    有。

38. bu əmun oktoʃin gamun.
    我们　一　导游　　需要
    我们需要一位导游。

39. oktoʃin əwəŋki gisun ətərən jə?
　　导游　　鄂温克　语　　会　吗
　　导游会说鄂温克语吗？

40. noon əwəŋki gisunduwi mandi aji.
　　他　　鄂温克　语　　　非常　好
　　他的鄂温克语非常好。

41. ʃi noogudu ədu əmətʃəʃi jə?
　　你　以前　　这里　来过　吗
　　你以前来过这里吗？

42. bi ədu əmun naan ətʃu əmərə.
　　我　这里　一　　也　没　来过
　　我一次也没有来过这里。

43. bi əmuki əri bogdu əməʥimi.
　　我　第一次　这　地方　来
　　我第一次来这个地方。

44. ələji ur muu unuŋgi nandakan.
　　这里　山　水　　真的　　美
　　这里的山水真的好美。

45. noon ədu baraan nandakan ʥoopel taantʃa.
　　他　　这里　很多　　美丽的　　照片　　拍了
　　他在这里拍了许多美丽的照片。

46. əri boɡ unuŋɡi mani nandakan.
    这　地方　真的　　特别　美丽
    这个地方真的特别美丽。

47. bi əri boɡwa mani ajiwumi.
    我　这　地方　　特别　喜欢
    我特别喜欢这个地方。

48. bi daki dakdan ədu əməm təkəərəm ulimi.
    我　再　经常　这里　来　旅　　游
    我以后还会经常来这里旅游。

49. bi dulaardu təkəərəm ɡənəm ɡunəkən bodoʥimi.
    我　杜拉尔　　旅游　　　去　　是　　　想
    我想去杜拉尔旅游。

50. tari boɡdu baraan ur bitʃin.
    那　地方　　多　山　有
    那里有许多的山。

51. ur diiləjin baraan moo bitʃin.
    山　上　　　多　树木　有
    山上有许多树木。

52. baraan ɡərbitʃi moo bitʃin.
    许多　　名贵　　树木　有
    有许多名贵树木。

53. ʤagda moo、irəktə moo、narga moo、tʃaalban moo gub bitʃin.
    樟子松 树　松　树 红松 树　白桦　树 都　有
    樟子松、松树、红松树、白桦树什么的都有。

54. naan uliktəji moo ookin iintəji moo jəəke bitʃin.
    还　山丁子　树　和　臭李子 树 什么的 有
    还有山丁子树和臭李子树等。

55. ur diilə mandi baraan tʃibkan bitʃin.
    山 上　很　多　鸟　有
    山上有许多的鸟。

56. daki naan katʃin katʃin gurəs bitʃin.
    另外 还　各种 各种 野兽　有
    另外，还有各种各样的野兽。

57. dulaardu naan nandakan hudə bog bitʃin.
    杜拉尔　还 美丽的 草原 地 有
    杜拉尔还有美丽的草原。

58. talaji hudə bogdu nandakan nandakan ilga bitʃin.
    那里 草原 地　好看　好看　花 有
    那里的草原上有数不尽的好看的花朵。

59. naan konin ukur morin baraan bitʃin .
    也　羊　牛　马　多　有
    也有许多的牛、马、羊。

60. dulaari hudə bogdu morin ogobtʃi ulir mani nandakan.
    杜拉尔 草原 地 马 骑 走 特别 美
    杜拉尔草原上骑马走特别美。

61. bi tari bogdu morin ogobtʃi təkəərəm ulirwə ajiwumi.
    我 那 地方 马   骑   旅游 喜欢
    我喜欢在那个地方骑马旅游。

62. tari giltarin morinba bi madan dorolami.
    那 白 马   我 十分 感兴趣
    我对那匹白马十分感兴趣。

63. bi dakdan dulaardu təkəərəm əməmi.
    我 经常 杜拉尔   旅游 来
    我经常来杜拉尔旅游。

64. bu diargun gərbitʃi ur diilə juutʃəmun.
    我们 许多 有名的 山 上面 上去了
    我们攀登过很多有名的山。

65. bu naan dulaari tari gogdo urwə tubtugətʃə bitʃəmun.
    我们 还 杜拉尔 那个 高 山 攀登了 是
    我们还攀登过杜拉尔的那座高山。

66. bu əmundu dulaardu gənəbki oki aji bitʃə！
    我们 一起 杜拉尔 去的话 多 好 是
    假如我们能一起去杜拉尔该多好呀！

67. talur timatʃin dulaardu məəji tərgəndʒi gənərən gənən.
    他们 明天 杜拉尔 自己 车用 去 说
    据说他们明天开自己的车去杜拉尔。

68. bi naan gənəmi, oodan jə?
    我 也 去, 可以 吗
    我也去，可以吗？

69. oodan, bu əmundu gənəgəre.
    可以, 我们 一起 去吧
    可以，我们一起去吧！

70. ʃi nomin birawa saandi jə?
    你 诺敏 河 知道 吗
    你知道诺敏河吗？

71. bi dulaari nomin birawa saami.
    我 杜拉尔 诺敏 河 知道
    我知道杜拉尔的诺敏河。

72. bi utkai dulaari nomin birawa gunədʒimi.
    我 就是 杜拉尔 诺敏 河 说
    我说的就是杜拉尔的诺敏河。

73. bi nomin biradu əlbətʃisu bisu.
    我 诺敏 河 游泳过 是
    我在诺敏河游过泳。

74. nomin biraji muujin mani amtantʃi.
    诺敏　河水　　特别　甘甜
    诺敏河的水特别甘甜。

75. bi nomin birawa mani ajiwumi.
    我　诺敏　　河　　特别　喜欢
    我特别喜欢诺敏河。

附录 1

杜拉尔词汇及其特征

杜拉尔鄂温克语的基本词汇按照词的性质可以分为名词、动词、形容词、数词、连词、副词、语气词、助词、拟声拟态词、感叹词、代词等。由于杜拉尔鄂温克民族乡是农业、牧业、林业、渔业全面发展的民族乡，所以与农业、牧业、林业、渔业相关的词汇十分丰富。

1. 名词

（1）与人体结构相关的名词

眼睛 jaasal	眼皮 balukun	眼珠 bultukta
耳朵 ʃeen	头 dili	头皮 almi
额头 maŋgil	皱纹 hompes	后脑勺 duaka
脑 irgə	鬓角 tʃokto	鼻子 nians
嘴 amga	嘴唇 uduru	嘴角 ʥibʥi
人中 doŋo	牙齿 iiktə	牙床 bul
舌头 iinig	上腭 taŋan	腮 ʥəgi
脸 dəllə	脖子 kuəmə	喉咙 boloko
肩膀 miir	肘 intʃən	手 naala
手掌 hələgən	拳头 babug	指甲 uʃikta
胸 tigin	胳肢窝 oono~ooni	肚子 gudug
后背 dala	肚脐 tʃuŋgur	腰 daram

（2）与植物相关的名词

花 ilga	百合花 gilotʃi	蒿草 saawa
荒草 selʥi	艾草 saawa	草 orookto
乌拉草 aikta	麻 oŋokto	人参 orguda
秧子 jaŋʥi	穗 orni	稻谷 narim
麦子 mais	水稻 handa	玉米 sulʥekta
瓜 həŋ	西瓜 duaŋgə	酸枣 sorto
山丁子 ulikta	稠李子 iintə	榛子 ʃiʃiktə
蔬菜 solgektə	圆白菜 daatuse	韭菜 kaleer
山芹 aŋguula	茼蒿 kumbul	柳蒿芽 kumbil
蒜 suanda	葱 əl	辣椒 laaʥo
黄花菜 gilotʃi	黄瓜 kəŋkə	豆角 bortʃo
豌豆 bokro	蘑菇 məgə	木耳 bohokto

（3）与动物有关的名词

野兽 gurəs	象 sawun	虎 tasag
狮子 arsalaən	豹 merdə	狼 guskə
狐狸 soloki	熊 ətərkən	鹿 homhan
猞猁 tibʥik	猴 monio	猪 olgen
母鹿 sahakan	驯鹿 orooŋ	鹿羔 inʧihaŋ
驼鹿 handakan	狍子 giitʃən	黄羊 ʥəgrən
獐子 ʃirga	獾子 həwər	艾虎 kurən
兔子 tuksəki	刺猬 səŋge	老鼠 aʧigtʃaŋ
田鼠 urbuki	黄鼠狼 soolge	野猪 torki
水獭 muuluŋgə	鸟 tʃibkan	雁 nooniki
乌鸦 gawu	麻雀 dargunda	百灵鸟 beldur
燕子 ʥelʥema	喜鹊 saaʥig	老鹰 murgu

（4）与自然现象相关的名词

风 ədin	龙卷风 orgel	雨 odon
雨点 sabdara	毛毛雨 səwərə	暴雨 jəwkən
虹 ʃeerən	云 tugsə	雾 talma
瘴气 sajin	霭气 manan	露水 ʃirus
寒露 saawutʃi	霜 saawun	霜冻 gəktin
雪 jamanda	闪电 talen	雷 agda
雷声 agderən	气 aur	烟气 manan

（5）与经济和政治相关的名词

政府 alban	城市 koton	国家 gurun
村 aila	屯子 urirən	教育 tatigan
文化 tatigan	工资 tʃalin	货币 ʥiga
领导 tərun	职务 tuʃan	民族 ajmən
学校 ʃuitan	工作 gərbə	价格 kuda

（6）与自然物相关的名词

太阳 ʃigun	黎明 iinərən	月亮 biaga
星星 oʃikto	启明星 tʃolpon	圆月 tukuren
流星 garpa	地 bog	地面 gag
地势 arbun	地洞 ir	土 tukul
尘土 tuaral	泥 ʃewar	石头 ʥolo
青石 hadar	河流石 ara	沙子 ʃoloktan
沙丘 maŋkar	戈壁 gordo	山 ur
山坡 kumə	山梁 aluhan	穴 irə
海 dale	水 muu	浪 dalgan
湖 amʥi	河 bira	坝 dalaŋ
溪 birakuŋ	泊 əlgəŋ	泉 bulag
火 tog	山斜坡 antugu	瀑布 uʃkur

(7) 与亲属关系相关的名词

父亲 amin~aba　　母亲 ənin~məmə　　爷爷 jəjə
奶奶 taiti　　婶母 naini　　姑父 guujə
姨妈 naukta　　哥哥 aka~akin　　姐姐 əkin
嫂子 bərgən　　舅父 nautʃo　　姐夫 auʃe
连襟 badʑa　　丈夫 ədi　　妻子 aʃe
儿子 utə　　儿媳 kukin　　女婿 kurəkən
孙子 omole　　姐妹 əkunur　　妯娌 wajali
姑表亲 taarali　　娘家 naadʑil　　亲家 hudale
亲家父 huda　　亲家母 hodgo　　外甥 dʑə

(8) 与生产生活相关的名词

服装 tərgəs　　上衣 kantas　　坎肩 dəkəle
狍皮衣 dʑaubka　　雨伞 saran　　袖子 kamtʃi
扣子 tortʃi　　裤子 ərki　　裤裆 al
帽檐 dəlbi　　头巾 uuŋku　　腰带 tulge
鞋 wantə　　长筒靴 buuruk　　棉布 bəəs
手帕 huŋku　　被子 wanla　　棉絮 kugun
褥子 dərdʑə　　枕头 dərbə　　扇子 dəwəkir
扫帚 həsuur　　耳环 garga　　戒指 wankakton
手镯 bare　　镜子 buluku　　刷子 kaʃenku
面 goli　　饭 dʑəəbtə　　米汤 sumsu
奶嘴 ogdʑi　　奶皮 urum　　汤 ʃilə
油 imugsə　　酱油 tʃindʑaŋ　　糖 satan
蜂蜜 bal　　鸡蛋 omotto　　饼 əwəən
酒 arki　　茶 tʃe　　房子 dʑuu
草棚 dəl　　房间 gialan　　墙 dusə
玻璃 guu　　柱子 tolgur　　门 urku

合页 həigəsun   房脊 orona   瓦 waar
炕 huala   烟筒 holli   窗户 tʃoŋko
窝 həur   桌子 ʃirə   板凳 bandan
雪橇 paar   锅台 huarka   桥 həərgə
锥子 ʃolgon   斧子 suku   钉子 tibkəs

（9）与方位有关的名词

上 diilə   下 ərgilə   左 solge
右 baran   中 dolin   旁边 oldon
左边 solgedadu   右边 barangidadu   里面 doola
外面 tulilə   附近 dakki   底 ərə
顶 oroon   前 ʤulilə   后 amila
上面 ugilə   往前 ʤuliʃigi   往后 amiʃigi
南 ʤulilə   北 amila   往上 diiʃigi

（10）与时间有关的名词

①表示具体秒钟的名词

一秒 əmun səkunt   二秒 ʤuur səkunt   三秒 jalan səkunt
四秒 digin səkunt   五秒 toron səkunt   六秒 nugun səkunt
七秒 nadan səkunt   八秒 ʤakun səkunt   九秒 jəgin səkunt
十秒 ʤaan səkunt   十一秒 ʤaan əmun səkunt
十五秒 ʤaan toron səkunt   二十秒 orin səkunt
三十秒 gotin səkunt   四十秒 dəki səkunt
五十秒 toojin səkunt   六十秒 nugurjin səkunt
一百秒 namaaʤi səkunt

②表示具体点钟的名词

一点 əmun ərin   二点 ʤuur ərin   三点 jalan ərin

四点　digin ərin　　　五点　toron ərin　　　六点　nugun ərin
七点　nadan ərin　　　八点　ʥakun ərin　　　九点　ʥəgin ərin
十点　ʥaan ərin　　　十一点　ʥaan əmun ərin　　十二点　ʥaan ʥur ərin

③表示正月时间的名词

初一　butu əmun　　　初二　irkin ʥuur　　　初三　irkin jalan
初四　irkin digin　　　初五　irkin toron　　　初六　irkin nugun
初七　irkin nadan　　　初八　irkin ʥakun　　　初九　irkin ʥəgin
初十　irkin ʥaan　　　十五　irkin ʥaan toron

④表示月份的名词

正月　ane bia　　　二月　ʥuur bia　　　三月　jalan bia
四月　digin bia　　　五月　toron bia　　　六月　nugun bia
七月　nadan bia　　　八月　ʥakun bia　　　九月　ʥəgin bia
十月　ʥaan bia　　　十一月　ʥaan əmun bia　　十二月　ʥaan ʥuur bia

⑤表示年份的名词

一年　əmun ane　　　二年　ʥuur ane　　　三年　jalan ane
四年　digin ane　　　五年　toron ane　　　六年　nugun ane
七年　nadan ane　　　八年　ʥakun ane　　　九年　ʥəgin ane
十年　ʥaan ane　　　十一年　ʥaan əmun ane　　十二年　ʥaan ʥuur ane
十五年　ʥaan toron ane　二十年　orin ane　　　三十年　gotin ane
四十年　dəki ane　　　一百年　namaaʥi ane　　一千年　meŋgan ane

⑥表示十二生肖属相年份的名词

鼠年　atʃiktʃan hon　　牛年　ukur hon　　　虎年　tasag hon
兔年　tuksəki hon　　　龙年　mudur hon　　　蛇年　kolen hon
马年　morin hon　　　羊年　konin hon　　　猴年　monio hon

鸡年 kakara hon　　狗年 iŋkin hon　　猪年 olgen hon

⑦表示星期一到星期日的时间名词

星期一 ʃiŋtʃi əmun　　星期二 ʃiŋtʃi ʤuur　　星期三 ʃiŋtʃi jalan
星期四 ʃiŋtʃi digin　　星期五 ʃiŋtʃi toron　　星期六 ʃiŋtʃi nugun
星期日 ʃiŋtʃi inig

⑧表示时间的名词

今天 ər inig　　　　　明天 timatʃin　　　　昨天 tinug
前天 tinug saaguʤin　白天 inig　　　　　　晚上 oreko
每天 inig inig　　　　午前 inig ʤulilə　　　中午 inig dolin
黄昏 loŋguri　　　　　除夕 ʃinən　　　　　　春 nəlki
夏 ʤog　　　　　　　秋 bol　　　　　　　　冬 tug

2.动词

（1）基本动词

呼吸 ərgə-　　　　　吮吸 ʃim-　　　　　　咬 amgan-
嚼 nana-　　　　　　啃 kəəɲirə-　　　　　吃 ʤib-
含 ʃimi-　　　　　　喝 ima-　　　　　　　吞 nimgi-
咽 niŋə-　　　　　　卡住 kaka-　　　　　　噎住 kimgin-
喂 ʤibkə-　　　　　饿 ʤəmu-　　　　　　渴 aŋka-
吹 uugu-　　　　　　喊 konetʃa-　　　　　说 ugtʃə-
聊天 kəərəldi-　　　耳语 ʃiwagna-　　　　唠叨 jaɲʃi-
瞎说 baltʃi-　　　　读 tuurə-　　　　　　问 aɲu-
嘲笑 basu-　　　　　舔 ilkə-　　　　　　　吐痰 tomi-
哭 soɲo-　　　　　　叫 əər-　　　　　　　喊 kooni-
告诉 tʃilba-　　　　听 dooldi-　　　　　　看 itʃi-

看守 sahi-　　　　　学 tati-　　　　　写 oo-
认识 taag-　　　　忍耐 təsə-　　　　歇 amra-
要 ga-　　　　　　摸 təmi-　　　　　推 ana-
拉 taa-　　　　　　压 tir-　　　　　　挠 maadʑi-
捂 ahu-　　　　　　拿 ga-　　　　　　夹 habtʃi-
拧 ʃiri-　　　　　　拔 taa-　　　　　　捏 ʃimki-
摘花 təwa-　　　　抠 honki-　　　　　放下 nəə-
放走 tii-　　　　　松开 sualla-　　　　吃草 oŋho-
找 gələə-　　　　　捡 tuŋkə-　　　　　拾 tewe-
舀 tʃoko-　　　　　倒掉 uŋku-　　　　遗失 əmən-
扛 miidə-　　　　　抬 uuri-　　　　　提 əlgə-
抱 kumli-　　　　　背 dʑidʑa-　　　　穿 təti-
戴 aawala-　　　　脱 bəri-　　　　　盖 nəmbə-
装入 təwə-　　　　靠 naaktʃala-　　　靠近 dagkila-
站立 ila-　　　　　起来 juu-　　　　　坐 təgə-
跪 əntə-　　　　　盘膝 dʑeebila-　　　爬 milku-
爬山 taakala-　　　蹲 tʃomtʃi-　　　　掉 tiki-
躺下 kuləə-　　　　扭 morki-　　　　　回头 ortʃi-
俯身 məku-　　　　弯腰 moro-　　　　翻 kurbu-
翻转 kurbu-　　　　翻跟头 toŋkol-　　推翻 tiku-
超越 dawa-　　　　返回 mutʃu-　　　　绕弯子 tʃəkər-
卷 uku-　　　　　　掘 ukubu-　　　　　滚 tʃuŋguri-
踩 əki-　　　　　　踢 pətʃiglə-　　　　跳 togsa-
蹦跳 ətikilə-　　　心跳 tuktʃi-　　　　跳舞 əkilə-
唱歌 dʑaanda-　　走 uli-　　　　　　步行 jookolo-
散步 uliktʃi-　　　串门 ajiltʃila-　　　踏 əkilə-
弯腰走 tʃomtʃi-　　离开 əjələ-　　　　离婚 sala-
摆脱 moltog-　　　解开 bəri-　　　　　越过 dulə-

过河 dulə-　　　　横跨 alakki-　　　　移 gulgu-
退出 metʃi-　　　　跟 aaɲi-　　　　　追 asa-
追寻 nəkə-　　　　让 anabu-　　　　允许 ooʃi-
佩戴 tulə-　　　　　带路 əlbu-　　　　经过 duləb-
路过 daari-　　　　来 əmə-　　　　　进 iinə-
去 gənə-　　　　　出去 juub-　　　　上 tuktugə-
登上 takala-　　　　下 əwə-　　　　　下雨 odon-
下雪 jaman-　　　　天晴 gaal-　　　　天阴 tugsəb-
过 dulə-　　　　　跑 tuktuli-　　　　奔跑 tatʃikna-
飞 dəgli-　　　　　出发 gurgul-　　　到 etʃe-

（2）形动词

①现在时形动词：动词词根 + -jir

②现在将来时形动词：动词词根 + -r

③过去时形动词：动词词根 + tʃa、-tʃə

（3）副动词

①联合副动词：动词词根 + -m

②完成副动词：动词词根 + -btʃi～-tan、-tən

③延续副动词：动词词根 + -mal、-məl、-mil

④让步副动词：动词词根 + -rkin

⑤紧随副动词：动词词根 + -mimki

⑥条件副动词：动词词根 + -tʃala、-tʃələ

⑦界限副动词：动词词根 + -tal、-təl

⑧立刻副动词：动词词根 + -kul

⑨趁机副动词：动词词根 + -rdun

⑩目的副动词：动词词根 + -nam、-nəm、-rkum

⑪渐进副动词：动词词根 + -tʃaar、-tʃəər、-meeli

⑫因果副动词：动词词根 + -ktʃaar、-ktʃəər

（4）助动词

①否定助动词：不 ətʃin、没 aatʃin
②肯定助动词：行 oodan
③判断助动词：那样 tanatʃin、那样 tanawun
④允许助动词：对 ʥukdan、əmi
⑤能愿助动词：是 taawuran、taalaran
⑥疑问助动词：什么 jokon
⑦禁止助动词：别 əʥi

3.形容词

（1）描述人或事物性质的形容词

聪明的 sərgəg	伶俐的 ʥiliŋgi	笨的 ʥuntug
笨重的 duŋgu	痴呆的 mənən	糊涂的 ʥəki
愚蠢的 latar	傻的 ʃogol	迟钝的 udan
老实的 nomoki	温和的 ʥəwləkən	温顺的 dəjikun
幸福的 ʥijaʃi	小气的 narin	狡猾的 ʥaliŋgir
可恶的 əsuhun	细心的 nariŋga	轻快的 ənibkun
勤劳的 gərbətʃin	懒惰的 baaŋgi	臭的 waatʃi
苦的 gotʃikti	香的 antaŋtʃi	酸的 ʥisun
甜的 sitaŋgir	辣的 gotʃigdi	咸的 dausuŋgo
涩的 həluŋ	腥的 neltʃur	稠的 tibka
稀的 ʃiŋən	淡的 əbir	腻的 niolgon
热的 ukugdi	冷的 bəgin	单薄的 nəmmə
贫穷的 kaldig	空闲的 sulətʃi	忙的 əksəkun

（2）描述人或事物特征的形容词

胖的 burgu	瘦的 jadan	高的 gogdo
矮的 laka	凹的 huaŋgira	凸的 tutigər
窄的 dabtʃi	长的 gonim	短的 urumkun
硬的 katan	软的 dəj	粗的 bargun
细的 narin	细长的 narihan	细小的 niʃukukuŋ
直的 tondo	弯的 moktʃiku	大的 udu
小的 niʃukun	多的 baraan	少的 homdo
矮小的 laka	许多的 diargun	瘦的 ʤotar
厚的 diram	薄的 nimnikun	圆的 baŋgal
方的 durbəlʤin	扁的 kabtig	平的 nətʃin
正的 tondo	偏的 oldoʃi	歪的 mortʃige
横的 kundulun	竖的 tʃotʃor	顺的 jolgun
斜的 kəltiku	陡的 tʃardam	锋利的 hortʃi

（3）描述颜色特征的形容词

红的 walirin	白的 giltarin	黑的 konnorin
黄的 ʃaɲirin	蓝的 tʃilan	绿的 kuku
粉色的 kuaga	紫的 kələg	灰的 hojʃe
暗色的 aktadi	浅色的 əbirkən	亮色的 nəərin

4.数词

（1）基数词

一 əmun	二 ʤuur	三 jalan
四 digin	五 toron	六 nugun
七 nadan	八 ʤakun	九 jəgin
十 ʤaan	十一 ʤaan əmun	十二 ʤaan ʤuur

十五 ʤaan toron　　二十 orin　　三十 gotin
四十 dəki　　五十 toojin　　六十 nugurjin
七十 nadarjin　　八十 ʤokorjin　　九十 jirən
百　namaaʤi　　千　meŋgan　　万　tumun

（2）序数词
第一 əmuki　　第二 ʤuuki　　第三 jaləki
第四 digiki　　第五 toroki　　第六 nuguki
第八 ʤakuki　　第九 jəgiki　　第十 ʤaaki
第二十 oriki　　第三十 gotiki　　第九十 jirəki

（3）统计数词
一次 əmun tan　　两次 ʤuur tan　　三次 jalan tan
一回 əmun ərin　　两回 ʤuur ərin　　三回 jalan ərin

5.副词

（1）程度副词
最 əkən　　最最 əkəkən　　更 əli
愈 nəŋ　　相当 ani　　真 ʤiŋkin
都 bolgu～gub　　全都 sut　　只 əmukən～əmul
光 daŋ　　就 utke　　稍微 atʃkun
很 mandi　　特别 əntʃukuli　　差一点 gəl

（2）时间副词
刚刚 təlint　　才 təligki　　马上 əktələ
尚未 ətʃə　　快速 digar　　立即 nərgin
赶快 kiktʃo　　有时 əmuduwi　　已经 əməndən

以后 amitʃigi	早就 kədʒəni	最近 dabki
早点 ərdəhən	忽然 gəntə	原来 daadi

（3）语气副词

还 naan	就 utke	好好 ajikan
必须 itukət	一旦 əmundə	

（4）行为副词

缓慢 udan	轻轻 kuŋgəl	呆呆 mənərəəŋ

（5）范围副词

一起 əmundu	大概 barag	全 bolgo
都 gub	其他 toomna	光 əmukəl

6.连词

和 ookin	如果 ajaki	若是 oobki
因为 oordi	所以 toobtʃi	或 ətʃibki
要么 əmuŋkin	越……越 əli	愈……愈 gəŋ

7.语气词

是/正确 dʒukir	不/不是 untu	吗/吧 jə	喂 wəi	给 ma

8.助词

是 bikin、ʃi   只 əmukən

9. 拟声拟态词

模拟人肚子咕噜咕噜发出的声音 hor hor

模拟人哇啦哇啦大声说话发出的声音 gar gar

模拟人叽里呱啦不停说话时发出的声音 polo polo

模拟鸡咕咕叫的声音 goo goo

模拟乌鸦嘎嘎叫的声音 gaa gaa

模拟布谷鸟咕咕叫的声音 gəbku gəbku

模拟狗从远处汪汪叫的声音 waŋ waŋ

模拟狗从近处汪汪叫的声音 waw waw

模拟水烧开时发出的声音 pol pol

模拟落叶被风吹时发出的声音 sur sur

模拟雨哗哗下时发出的声音 ʃor ʃor

模拟雨滴滴答答下时发出的声音 pitpat pitpat

模拟风呼呼吹时发出的声音 huur huur

模拟风力较小时发出的声音 sər sər

模仿人偷偷摸摸的动作 giləŋ giləŋ

模仿人脏兮兮的样子 lajbar lajbar

模仿老人慢腾腾的动作 əbbur əbbur

模仿人张牙舞爪的神态 ardʒig ardʒig

模仿头发乱糟糟的状态 ərbəgər ərbəgər

模仿事物一闪一闪的样子 gilaŋ gilaŋ

 模仿事物尖尖的形状 ardʒigar ardʒigar

 模仿动物摔跤的动作 taŋga taŋga

附录 2

语法形态变化及其结构体系

1. 名词类词语法形态变化现象

（1）复数形态变化语法词缀	
-s、-r、-l、-sul、-nur	
（2）格形态变化语法词缀	
主格	零形式
领格	-ji、-i
确定宾格	-wa、-wə、-ba、-bə
造格	-ʥi
位格	-la、-lə、-du、-dula、-dulə
从格	-duki、-diki
方向格	-tki、-tuka、-tukə、-kaki、-kəki
与格	-du、-d
比较格	-diki、-duki、-ki
有格	-tʃi
所有格	-ten
不定位格	-li
不定宾格	-je

续表

（3）领属形态变化系统

数形态分类	领属形态分类	词缀
单数形态变化现象	第一人称	-mi、-wi
	第二人称	-ʃi
	第三人称	-nin、-ji
复数形态变化现象	第一人称	-mun、-mo、-wal、-wəl
	第二人称	-sun、-so
	第三人称	-nin、-jin

（4）级形态变化系统

一般级	零形式
次低级	-kantʃila、-kəntʃilə～-hantʃila、-həntʃilə
低级	-tʃila、-tʃilə
最低级	-kan～-han
次高级	重复词首音节
高级	amaskan～amashan
最高级	mandi

2.动词类词语法形态变化现象

（1）态形态变化系统

主动态	零形态
被动态	-wu
使动态	-ka、-kə
互动态	-ldi

（2）体形态变化系统

执行体形态变化现象	-na、-nə
完成体形态变化现象	-mandʒi、-məndʒi～-btʃi
进行体形态变化现象	-dʒi
一次体形态变化现象	-tʃal、-tʃəl

续表

多次体形态变化现象	-mal、-məl
持续体形态变化现象	-ʤe
立刻体形态变化现象	-manna、-mənnə
中断体形态变化现象	-mbir
愿望体形态变化现象	-mdam、-mdəm
假定体形态变化现象	-rki～-bki

（3）陈述式现在时形态变化系统

单数式	第一人称	-ʤimi
	第二人称	-ʤini
	第三人称	-ʤiran、-ʤirən
复数式	第一人称	-ʤimo～-ʤimun
	第二人称	-ʤiso～-ʤisun
	第三人称	-ʤiran、-ʤirən

（4）陈述式现在将来时形态变化系统

单数式	第一人称	-me～-mi
	第二人称	-ne
	第三人称	-ran、-rən、-ra、-rə
复数式	第一人称	-mo～-mun
	第二人称	-so～-sun
	第三人称	-ran、-rən、-ra、-rə

（5）陈述式将来时形态变化系统

单数式	第一人称	-ʤaw、-ʤəw
	第二人称	-ʤane、-ʤəne
	第三人称	-ʤa、-ʤə
复数式	第一人称	-ʤamo、-ʤəmo～-ʤamun、-ʤəmun
	第二人称	-ʤaso、-ʤəso～-ʤasun、-ʤəsun
	第三人称	-ʤa、-ʤə

续表

（6）陈述式过去时形态变化系统

单数式	第一人称	-tʃo～-tʃu
	第二人称	-tʃaʃi、-tʃəʃi
	第三人称	-tʃa、-tʃə
复数式	第一人称	-tʃamo、-tʃəmo～-tʃamun、-tʃəmun
	第二人称	-tʃaso、-tʃəso～-tʃasun、-tʃəsun
	第三人称	-tʃan、-tʃən

（7）祈求式过去时形态变化系统

单数式	第一人称	-kte
	第二人称	-ka、-kə
	第三人称	-jin
复数式	第一人称	-gare、-gəre
	第二人称	-kolu
	第三人称	-jin

（8）命令式过去时形态变化系统

单数式	第一人称	-m
	第二人称	-k
	第三人称	-jin
复数式	第一人称	-mo～-mu
	第二人称	-kul
	第三人称	-jin

（9）假定式过去时形态变化系统

单数式	第一人称	-rkiwi～-bkiwi
	第二人称	-rkiʃi～-bkiʃi
	第三人称	-rkin～-bkin
复数式	第一人称	-rkimo～-bkimun
	第二人称	-rkiso～-bkisun
	第三人称	-rkin～-bkin

续表

	（10）形动词形态变化系统
现在时形动词	-jir
现在将来时形动词	-r
过去时形动词	-tʃa、-tʃə
	（11）副动词形态变化系统
联合副动词	-m
完成副动词	-btʃi～-tan、-tən
延续副动词	-mal、-məl、-mil
让步副动词	-rkin
紧随副动词	-mimki
条件副动词	-tʃala、-tʃələ
界限副动词	-tal、-təl
立刻副动词	-kul
趁机副动词	-rdun
目的副动词	-nam、-nəm、-rkum
渐进副动词	-tʃaar、-tʃəər、-meeli
因果副动词	-ktʃaar、-ktʃəər
	（12）助动词形态变化系统
否定助动词	aatʃin、asən
肯定助动词	oodən
判断助动词	tanatʃin、tanawun
应许助动词	ʤukrəŋ、əmi
能愿助动词	taawuran、taalaran
疑问助动词	jokon
禁止助动词	əʤi

参考文献

朝克：《鄂温克语研究》，民族出版社1995年版。
朝克：《鄂温克语动词形态论》，中国社会科学出版社2017年版。
朝克：《鄂温克语名词形态论》，中国社会科学出版社2017年版。
朝克：《鄂温克语参考语法》，中国社会科学出版社2009年版。
朝克：《鄂温克语形态语音论与名词形态论》（日文版），东京外国语大学，东京，2003年。
朝克：《鄂温克语》，《中国少数民族语言》，四川民族出版社1987年版。
朝克：《索伦鄂温克语基本词汇》，社会科学文献出版社2016年版。
朝克：《鄂温克语教程》，社会科学文献出版社2016年版。
朝克：《鄂温克语三大方言词汇比较》，社会科学文献出版社2017年版。
朝克：《鄂温克语基础语汇》（日文版），日本东京外国语大学，东京，1991年。
朝克：《鄂温克语三方言基础语》（日文版），日本小樽商科大学，北海道，1995年。
朝克、中岛干起：《基础鄂温克语》（日文版），日本大学书林出版社2005年版。
朝克、津曲敏郎：《索伦语基本列文集》（日文版），日本北海道大学，北海道，1991年。
朝克、斯仁巴图：《敖鲁古雅鄂温克语会话》，社会科学文献出版社2016年版。
朝克、卡丽娜：《阿荣鄂温克语》，社会科学文献出版社2017年版。
朝克、卡佳：《索伦鄂温克语会话》，社会科学文献出版社2016年版。
朝克、卡佳：《通古斯鄂温克语会话》，社会科学文献出版社2016年版。
朝克等：《鄂温克语366句会话句》，社会科学文献出版社2014年版。

朝克:《杜拉尔鄂温克语调查资料》(6 册),中国社会科学院收藏,北京,1995—2007 年。

胡增益、朝克:《鄂温克语简志》,民族出版社 1986 年版。

多丽梅、朝克:《通古斯鄂温克语研究》,社会科学文献出版社 2016 年版。

翁建敏、朝克:《敖鲁古雅鄂温克语研究》,社会科学文献出版社 2016 年版。

娜佳:《杜拉尔鄂温克语研究》,社会科学文献出版社 2017 年版。

贺兴格、其达拉图:《鄂温克语词汇》(蒙语版),民族出版社 1983 年版。

杜道尔吉:《鄂温克语汉语词典》,内蒙古文化出版社 1998 年版。

杜道尔吉:《鄂温克语蒙语词典》,民族出版社 2014 年版。

涂吉昌、涂芊玫:《鄂温克语汉语对照词汇》,黑龙江省鄂温克研究会及黑龙江省民族研究所 1999 年版。

后　　记

　　经过近五年时间的努力，终于将这一中宣部"四个一批"人才专项资助项目成果之一的《杜拉尔鄂温克语会话》撰稿工作按原定计划完成了。说实话，这是一个几经要放弃的项目内容。因为，杜拉尔鄂温克语是属于严重濒危状态下的地方语言，本来就是用人口不多，加上外来语言的强势影响，现在没有几个人能够完整地掌握该地区的鄂温克语里。就是现在使用的口语里，也借入大量的汉语、蒙古语、达斡尔语词汇。所以说，对其第一手语言资料及会话资料的搜集整理，真的是一件很不容易的事情。不过，经过近五年的不放弃和努力，也是为了不辜负中宣部"四个一批"人才专项资助项目办公室的领导和工作人员的重托，终于将该会话书稿写出来了。在此，首先应该感谢中宣部"四个一批"人才专项资助项目办公室的领导和工作人员，同时也感谢中国社会科学院人事局"四个一批"人才项目领导及工作人员，以及中国社会科学院民族文学所人事处相关人员和财务人员、行政管理人员等给予各方面支持和协助。其次，还要感谢几年的田野调查中，在食宿、交通等方面给予大力帮助和支持的地方干部及乡村负责人。最后，还要特别感谢杜拉尔鄂温克族乡及各嘎查村的鄂温克族同胞，在鄂温克语词汇调研中给予的发音合作、协助调研及帮助搜集整理相关词汇资料等工作。毫无疑问，正是有了以上提到的各方面的帮助和支持，该项课题才得以最后圆满完成。再次，深深地感谢他们！

　　书中肯定有不少问题和不尽如人意之处，诚恳希望鄂温克族同胞和读者批评指正。尤其是，该地区鄂温克语处于严重濒危状态，所以一些发音和记音会出现不是十分一致的情况。课题组尽量保持了发音合作人的实际发音情况的前提下,对于个别基本词汇进行了一定程度的统一和规范。但是,还是有一些求同存异的基本词。对于这些问题,希望大家给予理解,并提出宝贵意见。

课题组

2019 年 12 月北京